진정한 프로는 변화가 즐겁다

우화로 읽는 변화경영

차례

Contents

제1부
변화에 대한 이해

불변의 진리는 단 하나, 모든 것은 변화한다

고속도로를 달리면서 우리는 많은 차량들을 만난다. 도로에 들어선 지점과 각자 가는 목적지는 다르지만 길 위에서 우리는 함께 가고 있는 중이다. 그것도 고속으로.

때로는 가는 중에 뒤처지기도 하고 천천히 달리는 앞차를 추월하기도 한다. 그런가 하면 옆으로 쏜살같이 비껴가는 차도 있고, 느닷없이 끼어들어 등골을 오싹하게 만드는 차도 있다. 그러나 우리는 운전을 하면서 만나는 다양한 상황을 변화라고 부르지는 않는다.

달리다 잠시 쉬기 위해 종종 들르는 휴게소의 맞은편 언덕엔 항상 눈에 들어오는 고목 한 그루가 있다. 언제나 한결같은 모습이지만 계절마다 옷을 갈아입는다. 그 나무를 보면서 우리는 계절의 변화를 어렵지 않게 알아낼 수 있다. 그러나 그것

역시 변화라기보다 반복이라고 느낀다.

깨끗한 건 물론이고, 장애인 전용실에 유아용까지 따로 마련되어 있고, 실내정원 같은 인테리어에 향기와 음악까지 갖춰진 휴게소 화장실을 보면서 익숙한 편안함을 느낀다. 그러다 더럽고 냄새나는 건 기본이고, 벽에 가득한 낙서에 화장지마저 따로 준비해야 했던 과거의 화장실을 떠올리면 지금은 많이 변한 거라고 얘길 한다. 과거의 불결함과 불편함이 주었던 불쾌한 기억이 지금의 쾌적함에 비교되어 비로소 '화장실의 변화'라고 얘기한다. 이처럼 우리는 스스로 감지하는 수준과 범위 안에서 인정할 수 있는 것만 변화라 부른다.

언덕 위에서 고속도로를 내려다보며 서 있는 고목은 긴 세월을 지내오는 동안 똑같은 모습을 본 적이 한 번도 없다. 수레가 다니던 길에 차가 다니고 길이 넓어지면서 바로 앞에 있던 논과 밭이 없어지고, 건물이 들어서고 사람들이 북적대는 장면들을 나무는 지켜보고 있다. 수없이 많은 사람들의 차림새가 바뀌고, 머리모양이 변하는 걸 늘어가는 나이테 속에 촘촘히 기억하고 있는 것이다. 고목에게 있어 세상과 사람들은 계속해서 변화하는 존재이다. 우리는 시간의 물결 속에 쓸려가는 아주 작은 모래알에 지나지 않을 뿐이다. 자신은 나이테를 늘려가며 계절마다 옷을 갈아입고, 눈으로는 모래알처럼 제각각의 모습으로 변화하면서 흘러가는 우리를 지켜보고 있는 것이다.

세상의 모든 것은 변한다. 우리가 감지하지 못하는 미세하고 빠른 변화의 작은 움직임들은 역시 우리가 감지하지 못할 정도의 크고 넓은 변화를 불러온다. 그 속에서 단지 우리의 수준으로 느낄 수 있는 부분만을 변화라고 인정하고 있는 것이다. 변화는 보이지 않는 곳에서부터의 출발이 있었고, 보이지 않는 곳으로의 끝없는 진행을 하고 있다. 단지 우리가 느끼는 변화는 그 중간에서 우리의 수준에 인식되는 하나의 마디에 지나지 않는다.

이렇게 진행되어온 변화의 기록을 우리는 '역사'라 부른다. 지금 우리가 바라보고 있는 것은 역사라는 거대한 물결 속에 잠시 나타났다 사라지는 현상 중의 하나일 뿐이다. 그것도 우리가 인식하는 수준에서의 원인과 결과로 나타난 현상에 지나지 않는다.

아놀드 토인비(Arnold Toynbee)는 역사를 도전(Challenge)과 응전(Response)의 상호작용으로 정의한다. 그는 환경이라는 도전에 인간이 응전 혹은 적응하는 원리를 도입하여 문명의 발생, 성장, 쇠퇴, 해체의 과정을 설명하고 있다. 그에 따르면 결국 우리가 목격하고 있는 현상도 그런 상호작용에 의해 나타난 결과라는 것이다.

이런 정의는 기업경영과 개인의 자아경영에도 그대로 적용이 된다. 환경의 변화라는 도전에 어떻게 응전을 하느냐에 따라 존속과 성장을 기대할 수 있는 것이다. 도전에 대한 응전의 성공 여부는 기업이나 개인 모두에게 있어 역사로서의 가치를 지니게 한다. 환경의 변화라는 도전을 적시에 인식하고 응전을 효과적으로 하는 자에게만 생존과 성장의 혜택이 주어지는 것이다. 그렇지 못한 것들은 역사 속에서 채 꽃을 피우지도 못했거나 사라지고 말았다.

결국 산업구조가 변하면서 불러온 수요(Needs)의 변화는 '도전'이 되고, 이에 대응하는 조직과 개인의 적응은 '응전'의 형태가 되어 변화경영의 핵심적인 두 축을 이루고 있는 셈이다. 그중에 우선 도전으로 규정되는 환경의 변화를 제대로 인식하는 것부터가 변화경영의 첫걸음이라 할 수 있다. 앞서 말한 우리가 인식하는 수준에서의 변화만이 아닌, 보이지 않는 모든 가능성과 원인을 포함하는 개념에서 변화의 다양성을 인정해야만 하는 것이다.

혹자는 역사를 순환과 반복으로 보기도 한다. 그러나 이는 형태의 수순을 설명하는 차원이지 본질과 모습을 획일화하는 말이 아니다. 변화는 언제나 다른 얼굴이었고 우리는 그때마다 각각의 적응을 해왔다. 그게 바로 우리의 역사다. 그 중심엔 언제나 사람이 존재해왔고, 경영의 측면에서는 시장으로 대변되는 소비자(Needs)가 가운데에 서 있었다. 소비자는 변화경영의 눈으로 바라보면 변화의 핵인 셈이다.

이 세상에 절대 불변이라는 것은 존재하지 않는다. 단 한 가지 '모든 것은 변화한다'는 진리만이 유일할 뿐이다. 원인과 현상이 일시적이든 장기적이든, 물리적이든 관념적이든 관계없이 언제나 세상은 변화하고 있다. 그리고 지금 느끼는 변화역시 과거로부터 이어졌던 것이고, 또한 미래로 이어질 것이다. 지금까지 변화해왔듯이 앞으로도 변화할 것이다.

멍청한 지휘관은 적군보다 무섭다

아버지와 아들이 함께 산행을 하다 길을 잃었다. 길잡이 역할을 하는 사람이 깊은 산속에 이르자 자신도 감각을 잃고 헤매기 시작한 것이다. 그러기를 몇 시간째. 길잡이의 입에선 "어라! 여기가 아니네"만 반복해서 나온다. 몇 번을 미끄러지고 엉덩방아를 찧어가며 이 골짜기 저 골짜기를 헤매도 점점 난감해하는 길잡이의 입에선 같은 말만 되풀이되고 있었다. "허 참! 희한하네. 여긴 것 같았는데, 또 아니네."

힘들고 지친 데다 슬슬 화가 치민 아버지가 아들에게 말했다.

"그 말이 맞긴 맞는 말 같다. '멍청한 지휘관은 적군보다 무섭다'는 말이. 으이구!"

한동안 모 경제단체에서 주관하는 월간 조찬 세미나에 참가한 적이 있었다. 조찬 세미나라는 게 말 그대로 다른 사람들 아침 먹을 시간에 나와서 한자리에 모여 아침식사를 하면서 세미나하는 거다. 낮이나 밤에 시간 맞추기 어려운 사람들이 아예 간섭이 없는 아침에 모여 뭔가를 배우거나 생각하자고 하는 모임이다. 그때 참가했던 모임도 주로 기업의 대표들과 기관장, 언론사 대표들이 주된 멤버들이었다. 흔히 주변에서 볼 때 바쁜 사람들에 속하는 이들이다. 그리고 소위 잘나간다는 층의 사람들이기도 하다.

모임에 참가하던 동안의 느낌은 지금까지도 오래 기억된다. 이른 아침부터 나와 마른입에다 까실까실한 빵 조각과 오믈렛 몇 점으로 아침을 때우고는 강의를 듣는다. 처음엔 강사의 얘기를 조용한 가운데 경청하는 분위기이다. 그러나 중간쯤 되었을 때부터는 반수 이상이 졸기 시작한다. 아예 팔짱을 끼고 눈을 감은 채 자는 사람들도 있다. 다들 피곤한 모양이다. 강의 말미부터 시계를 들여다보던 사람들은 강의가 끝나기가 무섭게 다들 바쁜 발걸음으로 서둘러 나간다. 세미나 참가 기간 동안 그런 일은 늘 반복됐다. 이 시대 리더들의 안쓰러운 모습이다.

반은 졸면서 참가한 조찬 세미나에서 그들은 무엇을 가지고 갔을까. 각자 일터로 가서 무엇을 얘기할까. 강의자료를 전 직원회의 때 직원 교육용으로 사용하는 사람도 있겠고, 책장 속에 순서에 맞춰 끼워 넣는 사람도 있을 것이다. 또 어떤 이는 인상적인 말을 뽑아 액자에 넣어 걸어놓기도 할 것이다.

그러나 문제는 자신이 기억하는 말, 그 중에서 자신이 동의하는 말만을 가지고 있다가 사용한다는 것이다. 강의는 스스로 필요해서 듣는 것이지만, 전부는 필요 없고 그 중에 골라서 영양가 있는 것만 취하면 된다고 얘기하는 사람도 적지 않다. 그런 경우 영양가를 선별하는 기준은 철저히 자기의 관념이 될 수밖에 없다.

변화하는 시대에 경영자로서 당연히 필요한 행위라고 인식해서 각종 정보의 취합은 열심히 한다. 그래야 뒤처지지 않을 것 같아서이다. 마치 지금 사두지 않으면 불안해서 입지도 않을 옷을 계속 사들이는 심리와 유사하다. 그리고는 자기 기준으로 자기 수준에 맞게 걸러낸다. 그리고 그때마다 배워온 새로운 상품을 자기의 관념으로 재생산해서 직원들에게 적용시키려 노력한다. 그게 옳다고 믿기 때문이다. 그러다 기대했던 것과 다른 결과를 보게 되면 '이게 아닌데'만 되풀이하면서 또 다른 무엇을 찾아 나선다. 몇 번의 경험으로 실익이 없음을 알게 되면 중단해야 하는데 그게 잘 되질 않는다. 새로운 무엇에 대한 갈증과 그런 리더들을 유혹하는 사람들이 계속 존재하기 때문이다.

경영자들이 찾는 안정감의 반대편엔 불안감이 자리잡고 있고, 그 불안의 한가운데에 바로 변화가 존재한다.

통계를 보면 1965년부터 1995년까지 30년이 지나는 동안 한국의 100대 기업 중에 살아남은 기업은 16개밖에 없다. 1965

년 매출액 1위였던 동명목재를 비롯해 판본방직과 경성방직, 대성목재 등의 기업은 지금 100대 기업의 순위에서 보이지 않는다. 물론 우리나라 기업의 부침에는 정치적인 요인의 영향도 무시할 수 없지만, 이 기간 동안 상위를 달리던 기업들의 업종을 분석해보면 환경의 변화와 그에 대한 적응이 주원인이었음을 알 수 있다. 전후복구사업과 산업구조의 수준으로 인해 1950년대에는 목재, 제당, 제분, 방직 등 경공업 분야에서 대기업이 형성되었지만, 1970년대에 들어서서는 조선, 전기, 전자, 자동차 분야의 기업이 부상을 했고, 1980년대를 넘어 지금에 이르러서는 반도체, 첨단 IT, 인터넷 등의 업종이 상위를 차지하고 있다. 한마디로 경제구조와 사회 수준의 변화에 따라 주도업종도 변화해온 것이다. 이처럼 한 시대를 풍미했던 히트업종도 평균 수명이 10년을 넘지 못한다. 업종도 그런데 그 속에 포함되어 있는 기업의 경우는 더하다. 히트기업의 절정기는 채 3.5년이 안 된다.

이런 결과를 놓고 본다면 현재의 풍요로움에 만족해 숨을 돌릴 기업은 없을 것이다. 때문에 변화를 시도하는 것이다. 변화경영이 일시적으로 히트하고 마는 특정한 경영기법이 아닌, 경영의 모든 부문에 적용되는 중요한 사고체계로 인식되는 이유가 바로 여기에 있다.

지금까지 경영자들은 그때그때 자신들의 패러다임대로 기업을 운영할 수 있었다. 과거에는 기업이 개인의 소유물 개념이어서 기업경영에 있어 경영자의 권한이 큰 비중을 차지했기 때문이다. 물론 비중이 큰 만큼 책임은 작았고 역할도 다양하지 않았다. 그러나 이제 기업에 대한 사회의 존재인식은 경영자의 능력과 책임에 비중을 더해가는 추세로 변화하고 있다. 발달된 경제구조 속에서 기업의 개념에 노동자와 주주로 대변되는 투자자의 존재가 포함되었고, 생산주체에서 소비주체로의 중점이동이 일어난 상황에서 경영자의 경영능력이 어느 때보다도 중요시되고 있는 것이다.

'기업경영의 신'으로까지 추앙받는 일본의 마쓰시타 고노스케[松下幸之助]는 이익을 못 내는 기업을 죄악시하고 사회적 책임을 강조하는 의미로 기업을 '사회의 공기(公器)'라고 규정짓고 있다. 성공한 기업인의 차원을 넘어서 훌륭한 경영의 스승으로 존경받는 그의 말이기에 많은 공감을 얻고 있는 경영철학이다. 그는 예전에 어느 TV인터뷰에서 기업경영의 성공 이유에 대한 질문을 받자 자신이 많이 배우지 못했고 체력이 약했다는 점을 이유로 들었다고 한다. 그런 자신의 한계 때문에 자신보다 월등한 두뇌를 소유한 인재를 필요로 했고, 힘을 잘 쓰는 직원들이 필요했다는 말이었다. 자기 능력의 모자람을 채우기 위해 필요한 사람을 잘 찾는 일이 중요했고, 잘 경영하는 일에 더 몰입해야 했다는 것이다.

지금의 경영자들도 자신이 가지고 있는 능력의 유한함을 극복할 수 있는 방법으로 많은 부분을 외부의 전문성에서 찾고 있다. 그런데 이것마저 선별과 판단능력을 요구하는 문제이다보니 어려운 것이다. 그래서 우선 할 수 있는 가능한 것들은 무엇이든 시도해보거나, 아니면 철저히 자신의 주관에 의존해 방법적인 면들만 차용해서 따라 하고 있는 실정이다. 그런 과정에서 서서히 경영자들에게 관념이 형성되기 시작한다. 학습과 경험에 의해 형성되는 관념이 경영에도 그대로 나타나는 것이다.

그러나 경영자의 관념화는 가장 경계해야 할 대상이다. 자신도 모르는 사이에 뭔가 확신에 찬 의도로 일정 기준의 관념을 설정해놓고 모든 현상과 대응을 그 기준에 맞춰 인식하고 시행하기 때문이다. 그런 경우 새로운 학습은 관념화된 경영자의 스타일대로 각색이 되어 별종의 얼굴로 구성원들에게 요구된다.

하지만 경영의 전문성은 고착화된 관념 속에 존재할 수 없는 것이다. 오래 가지고 있는 관념을 전문성이라 착각해서도 안 된다. 특히 변화경영이라는 명제를 놓고 본다면 어느 하나 유사할 수는 있어도 같은 것은 하나도 없다. 그런데도 대응하는 방식은 자신의 일정한 관념 수준에서 벗어나지 못한다면 다수를 책임지는 경영자로서는 부적격한 일이다. 게다가 책임을 앞선 권한으로 특정한 관념을 가지고 휘두르는 경영행태는 전체를 위험에 빠뜨리기도 한다.

이런 사례는 우리나라의 경우 미국식 성과주의의 관념을 신봉한 일부 스타급 경영자와 공조직의 리더에게서 쉽게 찾아볼 수 있다. 다루어야 할 대상의 체질적인 문제와 주변 환경과의 연관관계, 구조적인 원인 등의 감안이 없이 확신을 넘어선

신념에 찬 사대적 관념화로 경영의 칼을 휘두르고 있는 것이다. 그것 역시 자신의 몽매한 관념에 의해 기업의 사회적 책임과 경영의 본질을 외면하는 또 하나의 죄악이다.

결국 모든 게 다르고 또한 변화하는 환경에서 올바른 경영자의 역할을 정립하는 일은 바로 경영자 스스로 관념화를 경계하는 것에 다름 아니다. 자신이 접한 정보와 학습 그리고 취했던 사고가 자신의 관념화를 돕는 게 아니고 변화를 돕도록 해야 한다.

시대와 환경의 변화는 경영의 변화를 요구하고 있다. 때문에 많은 경영자들이 변화경영에 관심을 가지고 있는 것도 사실이다. 그러나 진정으로 변화경영에 관심을 가지고 또한 다가가기를 원한다면, 전제되어야 할 것이 있다. 지금까지 가져온 자신의 관념 역시 변화의 대상이라는 것! 모든 것에 대한 변화를 인정하는 것부터 시작해야 한다는 것!

변화의 두 얼굴, 스트레스와 희망

대학교 4학년에 재학중인 젊은이가 있었다. 그는 집안의 경제적 파탄으로 인해 어려움을 겪고 있었다. 앞으로 일 년만 지나면 졸업인데 갑자기 닥친 시련은 그를 혼란스럽게 했다. 어느 정도 지나면 해결되겠지 하는 생각에 한 학기를 보냈으나 상황은 변한게 없었고, 이제는 당장 쌀 사먹을 돈도 떨어지게 되었다. 그쯤 되자 더 이상의 여지가 없었다. 이대로 휴학을 하고 돈을 버는 길을 택할 것인지, 아니면 어떻게든 참고 공부를 마쳐야 할 것인지 결정을 해야 했다. 공부를 접고 돈을 벌기 위해 뛴다면 당장은 해결될 수 있을지 모르는 일이다. 하지만 이런 사유로 공부를 접은 뒤 자신이 좋아했던 것에 대한 아쉬움을 평생 가슴에 묻은 채 각박한 삶을 살기는 싫었다. 자신의 아버지가 그랬고, 친구의 아버지, 우리들의 아버지들이 역시 그랬다는 걸 알기 때문이다.

그러나 현실은 만만치 않았다. 공부를 마치는 것은 돈이 드는 문제였다. 결국 그는 최소한의 살아남을 비용만을 제외하고 나머지를 모으는 방식을 택했다. 그는 하루에 한 끼만 먹고 밤에는 하역장에 나가 짐을 나르는 아르바이트를 시작했다. 밥을 굶기 시작한 지 하루 만에 온갖 유혹들이 그에게 다가왔다. 배고픔이 그를 괴롭혔다. 굶어야 하는 현실에 화가 나기도 했다. 더구나 잘 먹지도 못하는 가운데 몇 시간씩 무거운 짐을 나르는 일은 너무나 큰 고통이었다.

그럴 때마다 포기의 유혹이 뒤따랐다. 공부는 나중에 해도 되고, 당장 먹고살기 힘든데 우선은 벌어야 된다는, 그러다보면 길이 열릴 거라는 막연한 생각도 들었다. 그때마다 젊은이는 자신에게 다짐을 했다.

'한 학기만 참자. 참아내서 우선 지원자격을 갖추자. 졸업장만 있으면 시험은 자신 있지 않은가. 그때는 지금처럼 굶지 않아도 될 것이다. 정상적으로 살면서 내 꿈을 위해 더 뛸 수 있을 것이다.'

그렇게 고통을 이겨내며 젊은이는 무사히 졸업을 하고 우수한 성적으로 원하던 회사에 취직을 했다. 과거의 기억으로 그는 더욱 열심히 일을 했고, 능력을 인정받으면서 고속승진을 했다. 자리가 올라가면서 권한과 환경도 바뀌었다. 물론 책임도 커졌고, 늘어가는 스트레스만큼 회식이며 접대며 술자리도 넘쳐났다.

그러던 어느 날 건강에 적신호가 왔다. 사실은 예전부터 감지

되어왔던 문제였지만 그때마다 무시하고 넘어갔다. 그러다 말겠지 하는 생각으로 바쁜 일상을 지내던 어느 순간부터 갑자기 이상증상이 눈에 띄게 나타나기 시작한 것이다. 비대해진 몸은 여러 곳에서 부작용을 내고 있었다. 예전 같은 컨디션이 영 회복될 기미를 보이지 않자 그는 병원을 찾았다. 의사의 말은 자신이 염려했던 것보다 훨씬 심각했다. 의사는 당장 모든 것을 끊어야 한다고 말했다. 술과 담배는 물론 일까지 당분간 쉬라는 얘기였다. 그렇지 않으면 얼마 가지 못할 것이라는 경고와 함께. 모든 원인이 식습관에서 시작된다며 의사는 당분간의 단식을 권했다.

　그는 단식원에 들어갔다. 모든 게 낯선 가운데 관장을 하고, 단식에 들어갔다. 엄청난 허기가 느껴졌다. 예전에 돈이 없어 굶던 시절이 생각났다. 그 시절의 기억들은 지금의 허기를 비웃었다. 그는 단식을 하면서 건강해진 자신의 모습을 그렸다. 그 모습을 그리며 배고픔을 참을 수 있었다. 얼마가 지나자 배고픔에 익숙해지는 자신을 발견했다. 몸의 리듬이 차분해짐도 느꼈다. 속을 채우는 것말고 비우는 즐거움도 있다는 걸 알았다. 오히려 비우는 즐거움이 한 차원 더 높은 만족을 준다는 것도 알게 되었다.

　단식원을 나와 병원을 다니자 젊은이는 이내 건강을 되찾았다. 예전과 같은 식탐도 없고, 술자리를 즐기지도 않았다. 대신 꾸준한 자기관리에 더 관심을 쏟았다. 젊은이는 헬스클럽에 등록을 했다. 건강 차원을 넘어 멋진 몸매를 가지고 싶은 욕구가 생긴 것이다. TV에서 아름다운 여인과 해변을 달리고 있는 멋진 몸매의 사나이를 본 게 계기가 되었다. 몇 달 후에 다가올 여름휴가 때 근육질의 멋진 몸매로 뭇 여성의 시선을 사로잡고 싶은 욕구가 생긴 것이다. 젊은이는 무거운 바벨을 들어올리며 땀을 흘렸다. 여러 코스의 웨이트트레이닝을 마치자 근육에 뻐근한 통증이 왔다. 온몸의 뻐근한 통증은 해변에서 멋진 몸매로 빛나고 있을 자신을 떠올리게 했다. 몸은 힘들었지만 기분은 좋은 이유였다.

변화는 적응의 대상이기도 하지만 주도의 대상이기도 하다. 적응할 것인가 주도할 것인가에 따라 스트레스가 되기도 하고 매력적인 희망으로 다가오기도 한다.

돈 때문에 굶는 사람에겐 스트레스가 더 크게 느껴지고, 돈을 내며 굶는 사람에겐 희망이 더 크게 느껴진다. 돈 때문에 육체노동을 하며 느끼는 근육의 뻐근함은 스트레스가 먼저 오고, 돈을 내며 운동을 하다 느껴지는 근육의 뻐근함은 희망이 앞서 떠오른다. 살아남음과 살아나가는 과제를 요구하는 변화라면 적응의 대상이 되고, 건강과 미를 추구하고자 하는 욕구의 변화라면 주도의 대상이 된다. 변화가 적응의 대상이 될 때는 스트레스가 희망보다 크게 와닿는 반면, 주도의 대상이 될 때는 희망을 전제로 한 스트레스가 될 뿐이다.

기업에게 변화를 요구하는 원인은 여러 형태로 다가온다. 변화는 대부분 주체와 객체 사이에 발생하는 상호작용에 의해 이뤄진다. 경영자에게는 직원들이 객체이고, 기업에게는 시장(소비자)이 객체이다. 특히 기업의 객체인 시장은 다양한 변화의 원인과 동기를 제공한다. 이런 객체의 변화에 맞춰 기업도 변화해야 하는 것이다. 시장에서의 변화는 욕구의 변화를 바탕으로 하는데, '불만에 대한 저항' '일상으로부터의 일탈' '만족에 대한 치달음'의 욕구가 그것이다. 이런 유형에서 출발한 변화의 요인은 실행에 있어 선택을 요구한다. 선택에는 스트레스와 희망이 동시에 존재하는데, 적응과 주도의 차이에 따라 그 비중이 다르게 나타난다.

스트레스는 새벽에 따뜻한 이불 속에서 빠져나오는 귀찮음부터 사형대 앞에서 사형수가 느끼는 극심한 공포까지를 포함하는 개념이다. 희망도 빠삐용의 눈앞을 지나가는 벌레부터 상상할 수 없는 행복까지 그 범위가 넓다. 문제는 선택의 유형이다. 마지못해 해야 하는 상황에선 희망보다 크게 다가오는 스트레스를 감내할 준비를 해야 하고, 의도대로 변화를 추진하기 위해선 스트레스보다 희망을 주시해야 한다.

변화되는 환경에 있어 변화경영은 반드시 실천해야 할 과제이다. 그러나 현실을 보면 변화는 선택한 사람만이 한다. 선택한 사람만이 변화의 열매를 맛보고 있다. 변화의 적응과 주도 문제 이전에 변화시도에 대한 선택에서부터 갈등을 느끼는 사람들이 많다. 때문에 선택에는 이유보다 용기가 더 필요할 때가 있다. 마치 번지점프장에 가보면 사람들이 둘로 나뉘듯이. 그곳의 사람들은 번지점프를 한 사람과 안 한 사람으로 나뉜다. 억지로 이끌려 했든 스스로 했든 용기를 내어 뛰어내린 사람은 번지점프를 해본 사람이 되는 것이고, 망설이다 포기한 사람은 못 해본 사람이 되는 것이다.

진정한 프로는 변화가 반갑다

    자동차 세일즈맨이 있었다. 처음에 그는 '진정한 프로 세일즈맨'이 되는 꿈을 가지고 입사를 했다. 입사 초에 그는 다른 동료들과 같이 세일즈 교육을 받았고, 선배사원의 지도를 받으며 현장 실습도 했다. 그리고는 각자 알아서 능력대로 영업을 펼치는 실전에 배치를 받았다. 그 후 많은 노력과 경험을 통해 그의 세일즈맨 생활은 어느 정도 무르익었다. 그런데 한 가지 깊은 회의가 들었다. 자신의 능력에 대한 회의였다. 그렇다고 그가 남들보다 못한 실적을 올려서 그런 건 아니었다. 남들 하는 만큼은 했기 때문에 능력이 떨어진다고 생각지는 않았다. 그런데 남들 하는 만큼만 하는 자신의 미래에 대해 회의가 들기 시작한 것이다.

    회사에서 좋은 차가 나오면 당연히 실적은 좋았다. 시장에서 인기가 있었기 때문이다. 그러다 경쟁사에서 더 좋은 차가 나오면 실적은 떨어졌다. 좋은 차, 즉 누가 더 좋은 아이템을 파느냐에 따라 실적이 달라지는 거였다. 그러다 경기가 전체적으로 나빠지면 양 회사 모두 판매가 뚝 떨어졌다. 어찌 보면 당연한 현상인데 그는 회의가 들기 시작한 것이다.

'이건 진정한 세일즈가 아냐. 차가 좋다고 잘 팔고, 안 좋으면 못 팔고, 경기가 좋으면 잘 팔고, 나쁘면 못 팔고. 이건 누구나 할 수 있는 일이야. 이러면서 내가 무슨 프로인가.'

그는 자신의 문제에 대해 깊이 되돌아보기 시작했다. 새 차가 나오면 그 차에 대한 성능과 장점을 열심히 공부했고, 열심히 고객들을 찾아 나섰고, 열심히 팔았다는 건 인정할 수 있었다. 그런데 그건 자기말고도 누구나 그렇게 하고 있는 거였다. 자기만의 전문성이라고 볼 수 없었다. 자신만이 잘할 수 있는 무엇이 없었다.

그래서 그는 소비자의 입장에서 그 '무엇'을 찾아보기로 마음먹었다. 단골에게 찾아갔다. 고객이 차를 사는 데 있어서 자신을 찾게 되는 이유가 무엇인가를 솔직하게 물었다. 많고 많은 영업사원 중에 자신을 찾는 이유는 단순했다. 그저 '사람이 좋아서'가 이유였다. 여러 단골들에게 찾아가 물어봐도 대답은 하나였다. 구체적으로는 '싹싹하다' '항상 열심히 하는 게 보기가 좋다' '믿음이 간다' 등등 여러 말이었지만 모아보면 자신에 대한 호감이 첫째 이유였다. 차는 어디 가서 사나 똑같고 선택의 기준은 누가 파느냐가 먼저라는 것이다. 즉, 차에 대해서는 누구나 박사고 차 좋다고 하는 얘기는 똑같지만, 누구에게 사면 기분이 더 좋은가에 따라 결정을 한다는 것이었다.

그는 평범하지만 자신이 이루어온 세일즈 실적의 원인이 대부분 우수한 차, 좋은 경기에 있을 거란 생각이 틀렸다는 걸 알았다. 자신을 유지시켜준 것이 차가 아니라 자신에 대한 고객들의 호감과 믿음이었다는 걸 깨달았다. 그 이후 그는 세일즈맨 생활의 대부분을 사람에 맞추기 시작했다. 차에 대한 능력이 아니라 사람에 대한 능력을 최우선으로 삼고 노력했다. 차가 좋아 자신에게 사는 게 아니라 사람이 좋아 자신에게 차를 사는 게 고객이라면, 자신도 차로 고객을 만날 게 아니라 사람으로 만나야 한다고 생각했다. 지금의 단골들이 수많은 세일즈맨 중에 사람이 좋아 자신을 택했듯이, 자신도 수많은 사람 중에 자신이 좋아하고 싶은 사람에게 몰입했다. 그러다보니 경쟁사가 더 좋은 차를 내놓아도 이젠 스트레스가 되지 않았다. 자신은 좋은 사람을 더 많이 알아나가는 일을 하지, 차가 먼저는 아니었기 때문이다. 좋은 사람에게 자신역시 좋은 사람으로 기억되고 싶은 생각이 그를 바꾸기 시작했다. 그의 판매실적은 덩달아 좋아지기 시작했다. 재구매는 물론 기존고객들로부터의 소개도 이어졌다. 고객들로부터 그는 '좋은 사람'이라는 수식어가 따라다녔다.

그러던 어느 날 극심한 경영위기를 겪고 있던 회사가 끝내 공중분해되어버리고 말았다. 할 줄 아는 건 차 파는 일밖에 없는데 걱정이라는 동료들과 함께 술 한잔을 기울이며 시름을 나눴다. 그러나 술자리를 함께 하는 그의 마음은 무겁지 않았다. 오히려 가

습속엔 새로운 기회로의 도전이 작은 흥분을 일으키고 있었다. 그에게 다른 차를 파는 건 문제도 아니거니와 자동차가 아니라도 이제는 걱정이 되질 않았다. 진정한 프로 세일즈맨은 아이템이 아니라 사람이라는 것을 알았기 때문에.

프로 세일즈맨의 무기는 우수한 상품이나 탄탄한 회사의 브랜드가 아니다. 프로 세일즈맨의 전문성은 사람에 대한 능력에 있다. 팔아야 할 아이템은 프로에게 있어 2차적인 문제일 뿐이다. 사람에 대한 능력이 세일즈맨에게는 가장 큰 판매 기술인 셈이다.

어떤 장사꾼을 가정해보자. 그가 잡은 물건의 아이템이 훌륭해서 잘 팔린다면 그는 초보 장사꾼이다. 그러나 그 물건이 자신의 안목으로 판단해 잡은 것이고, 또 그것을 자신만의 독특한 방법으로 파는 사람이라면 문제는 달라진다. 어떤 물건을 줘도 잘 파는 '파는 기술'을 꿰뚫고 있는 사람이 진정한 프로 장사꾼이다. 이런 사람은 전쟁이 나도 산다. 정작 두려워해야 할 것은 환경의 변화가 아니라 자신이 가지고 있는 허접한 기득권에 대한 미련이다.

기업도 마찬가지이다. 좋은 아이템으로 호황을 누리는 세일즈맨과 기업은 유사하다. 아이템의 호황은 유한하기 때문이다. 한 예로, 100년이 넘는 전통을 자랑하는 K마트가 1962년부터 할인판매점이라는 혁신적인 판매방식으로 약 30년간 미국 최대의 소매유통회사로 군림해왔으나, 1980년대 이후 농촌 중심에서 자신의 아성인 교외지역으로 침투해온 월마트의 존재를 무시하다가 결국 몰락의 길을 걷게 된 사례가 있다. 방심하다가 시장점유 경쟁에서 밀린 것이다. 획기적인 판매 아이템의 호황이 독보적이거나 영속적인 혜택을 주지는 않는 것이다.

또 하나, 기존 화학필름의 대명사 격이었던 코닥이 새롭게 떠오르는 디지털 사진시장에 대비하는 투자를 망설이는 사이, 소니 같은 전문 전자업체에게 시장선점을 내어준 사례가 있다. 이는 신기술의 도래로 인한 시장가능성에 대한 판단착오와 실행력 부족이 가져온 결과라고 할 수 있다.

반면 국내의 한 중소기업인 명화금속은 50년간 나사만 만들어온 기업이지만 지금도 성장을 지속하고 있다. 그 비결은 바로 끊임없는 변화에 있다. 이 회사는 초기엔 건축용 나사를 주로 생산했다. 그 이후에 환경과 수요가 변화하면서 자전거용 나사, 자동차용 나사, 컴퓨터용 나사, 현재는 항공기의 나사까지 만든다고 한다. 지속적인 시장의 변화에 맞추어 핵심 기술을 발전시키면서 새로운 시도를 한 사례이다. 나사기계에 관한 특허만도 156개에 달해, 나사 만드는 일에 있어서 최고의 전문성을 확보한 기업으로 평가받고 있다.

물론 호황의 달콤함에 대한 미련이 클수록 변화는 두렵고 싫은 존재이다. 하지만 전문성에 대한 확신이 있다면 두려움을 극복해내는 일은 어렵지 않다. 오히려 새로운 희망을 제시한다.

세일즈맨의 전문성은 기업에서는 시스템에 해당한다. 전문성의 중점을 어디에 두고 있느냐에 따라 결과가 달라지듯이, 기업은 시스템의 중점을 어디에 두느냐에 따라 경쟁력이 좌우된다. 식당경영의 핵심은 음식맛을 내는 요리사가 아니라 식당업의 메커니즘을 꿰뚫고 있는 주인이고, 기업경영의 핵심은 마케터나 기술엔지니어가 아니라 시스템 연출자인 사장이다. 자기경영의 측면에서 프로는 경쟁력 있는 전문성이 우선이고, 기업경영에서는 경쟁력 있는 시스템이 우선이다. 그런데 이 전문성을 표면에 나타나는 기술력으로 착각하는 경우가 많다. 디자이너의 전문성이 손재주가 아니라 상상력이듯이, 기업의 전문성은 기술력이 아니라 기술의 개발과 운용에 대한 시스템이다.

전문성과 프로의 자질은 다르다. 변화에 사장되는 전문성은 프로가 되지 못한다. 변화에 따라 언제든 적응이 가능한 프로가 되는 일은 전문성의 원천적인 구조를 파악하고 실천하는 데 달려 있다. 진정한 프로에겐 바로 시장으로 대변되는 사람에 대한 끊임없는 상상력이 전문성의 핵심이다. 늘 꿈꾸는 자는 그래서 프로다.

제2부
변화하는 경영 패러다임

아들아! 너의 삶을 살아라

대형 문구매장을 하는 아버지와 아들이 있었다. 아버지는 30년째 같은 일을 해오면서 끝없는 노력과 열정으로 지금의 자리를 이루었다. 때에 따라서는 목적이 너무 강한 나머지 수단과 방법을 가리지 않는 경영으로 비난을 받기도 했다. 하지만 아버지는 치열한 생존경쟁에서 그런 문제는 어쩔 수 없는 것이라는 사고를 가진 사람이었다.

그의 아들은 아버지에게서 많은 것을 배우고자 했다. 자신도 장차 아버지만큼 큰 매장의 사업가가 되기를 원했다. 그래서 작지만 옆 동네에 문구매장을 차렸다. 그렇지만 운영이 잘되질 않았다. 자신이 보기에는 아버지 매장과 똑같이 꾸며놨고 물건도 같은데 자기 매장은 장사가 되질 않는 거였다. 더구나 나중에 안 사실이지만 물건도 훨씬 비싸게 받고, 잘 나가는 물건은 그나마 주문한 만큼 납품도 받지 못하는 거였다.

이건 아니다 싶어 그는 하루에 한 번씩 아버지에게 들러 궁금한 것을 계속 물어봤다. 매일같이 찾아오는 아들의 질문에 아버지는 자신의 경험과 지식을 자상하게 전해주었다. 그러나 어느 때부터인가 아버지의 얼굴에 근심이 비치기 시작했다.

아버지 덕분에 하나하나를 알아가면서 조금씩 실마리가 풀리는 것을 느끼던 아들은 그런 아버지가 이상했다.

"아버지, 저는 아버지 때문에 많은 걸 배웠어요. 그러나 아직도 많이 부족하다고 생각해요. 아버지만치 되려면 말이죠. '하청업체에 대금을 한 번에 해주지 말고 끊어서 줘라. 그래야 더 잘한다' '잘 팔리는 물건은 현찰을 흔들어 미리 많이 잡아라' '100개를 견적 내게 해서 깎은 다음, 그 가격에 10개를 사라' '경쟁업체를 누르려고 광고를 하지 마라. 그 돈만큼 손해를 보면서 참고 팔다보면 아예 사라진다' '확신이 서는 신제품이라 해도 피곤한 1등보다 똑똑한 2등을 택하라' '직원들끼리 친하게 만들지 말고, 배신의 달콤함을 돌아가며 느끼게 관리해라' '동시에 단골손님과 새 손님이 들어오면 양해는 새 손님에게 구하고 단골에 신경을 써라' 등등 많은 걸 배웠지만, 아직 궁금한 게 더 남았어요."

걱정스럽게 쳐다보던 아버지가 입을 열었다.

"아들아! 경영은 배우거나 따라 하는 게 아니란다. 마치 네가 내 인생과 똑같이 살 수 없듯이 경영도 그런 거란다. 스스로 고민하고 부딪히면서 자신과 일에 가장 잘 맞는 방식을 찾아나가는 거란다. 이제 더 이상 묻지 말고 네 방식대로 찾아나가라. 너는 너의 삶을 살아라."

"아니, 아버지! 그게 무슨 말씀이세요. 저에겐 아버지가 가장 이상적인 모델인 걸요."

아버지는 고개를 저었다.

"글쎄다. 내가 지금까지 너의 질문에 답한 것은 이미 30년 전의 것일 수도 있고, 또 나만의 환경에서 느꼈던 것일 수도 있다. 그게 너에게 무슨 도움이 되겠니. 지금과는 세상도 다르고 사람들도 달라. 너와 나는 다른 사람이란 말이다. 너는 네 사업에서 스스로 새롭게 터득해나가야 해. 사업은 인생과 많이 닮았단다. 너의 삶이 나와 달라야 하듯이 경영도 너만의 방식을 찾아야 한다. 그리고 그게 항상 변할 수 있다는 것도 알아야 해. 난 지금도 계속 새롭게 경험하는 중이란다. 내 사업을 끝낼 때까지, 내 삶을 마칠 때까지."

경영의 달인이라 불리며 실제로는 선무당이 사람 잡는 행위를 서슴지 않고 하고 다니는 사람들을 쉽게 본다. 일시적으로 표면을 봐서는 실적이나 외양이 그럴듯한데 기업의 체질과 가능성에 있어서는 암적인 행위를 하는 사람들을 말한다. 이른바 '패션경영'이라는 말이 나올 정도로 수많은 경영기법들이 소개되고 유행가같이 떴다가 사라지는 가운데, 그때마다 이를 따라 하기 바쁜 사람들에게서 그런 부작용은 많이 나타난다. 아이아코카(Lido Anthony Iacocca)를 좋아했던 사람들이 지금은 잭 웰치(Jack Welch)에 열광하고, 스티븐 코비(Steven Covey)에게 박수를 쳤던 사람들이 켄 블랜차드(Ken Blanchard)에게서 감동을 받는 식이다. 그래서 잘 쓰면 약이 될 기법들을 오히려 독이 되게 만드는 사람들이다. 왜냐하면 이들에겐 진정한 경영철학이 없기 때문이다.

이런 예는 대부분 오너라기보다 전문경영인 소리를 듣는 사람들 중에 많은데, 이들은 대부분 능력을 인정받아 초빙 형태로 경영자의 역할을 한다. 때문에 당연히 주어진 권한으로 실적과 성과 중심의 경영에 몰입하게 되고 이 과정에서 눈에 보이는 개혁을 위해 과감한 행위를 한다. 임기 중에 투자자들에게 능력을 보여야 하기 때문이다. 말 그대로 경영을 대신해서 성과를 내주는 게 직업인 사람들이기 때문에 그들에게 있어 경영은 살아가는 아이템이지 사회적 기여나 철학을 찾아야 하는 따위의 문제는 아니다. 이들에게 패션경영의 추종은 마치 의사들이 신치료기술에 대한 정보를 얻는 의학학술대회에 참가하는 성격과 유사하다. 경영기술의 발전을 위한 행위로만 보면 아주 긍정적인 현상이다. 하지만 그때마다 사용하는 그들의 강한 충격요법의 목적이 구성원이나 기업 자체를 위한 것보다 자신의 성과에 치우친 경우 오히려 세포마다 암의 씨앗을 하나둘 심어놓게 되는 결과를 낳는다.

그런 선무당을 구별하는 방법이 하나 있다. 그 사람이 조직을 떠나고 나면 곧바로 알 수 있다. 다만 문제가 있다면 당시에는 잘 구별이 되지 않는다는 점이다. 그 사람이 떠나고 나서도 재임 시와 같이 일관된 시스템으로 회사가 돌아간다면 진정한 경영의 달인이라고 할 수 있다. 하지만 떠나고 나서부터 다른 모양새를 하고 있다면 선무당인 것이다. 설령 재임 기간에는 개인의 일정한 맨파워를 발휘하여 표면에 드러나는 실적과 외형을 갖춘 듯 보이더라도, 떠나고 나면 그 후유증이 더 크게 작용하기 때문이다.

시스템으로 녹아들지 못하는 경영은 의미가 없다. 사람에 따라 달라지는 경영도 문제지만, 효과 있는 방법이라 해도 그게 사람을 따라다녀서는 곤란한 일이다. 이런 사람들은 주주와 투자자들에게만 환영받을 뿐, 그 외 직원들은 물론이고 하청업체와 관련업체, 시장질서 등 모든 분야에 고통을 안겨준다.

이런 경영의 달인들이 비단 비즈니스 세계에만 있는 것은 아니다. 그들은 그 외 여러 분야에서 독특하고 상징적인 성과를 내는 것으로 인정받으면서 각종 경영의 학습장에 나타난다. 그리고는 자신의 선무당 기법을 토해낸다. 마치 칼자루를 쥔 어린애의 무용담을 듣듯이, 경영의 달인이라는 수식어에 많은 경영자와 지식 브로커들이 현혹되며, 이는 또한 여과 없이 다른 현장에 접목이 된다. 여과가 없는 건 여과할 수 있는 장치조차 되어 있지 않거나, 스스로 장치할 의사도 없기 때문이다.

기업의 생김새가 저마다 다르고, 사는 구조가 다르며, 사람들과 만나는 상황이 다르다면 이미 유명해진 다른 선례는 참고의 대상일 뿐, 복제나 배워서 따라 할 사항은 아니다. 차라리 자신만의 가장 적합한 방식을 찾아 지속적으로 깊이를 더해가는 편이 나은 것이다. 우리가 만나는 잭 웰치나 마쓰시타 고노스케 같은 경영의 달인들이 자신만의 방식으로 화제에 올랐기에 우리 앞에 설 수 있는 것과 마찬가지이다. 단편적인 테크닉을 닮아갈 수는 있어도 경영의 얼굴이 같을 수는 없는 노릇이다. 다르기도 하지만 계속 변화하기 때문이다. 그런데도 자꾸 따라 하는 사람들이 많다. 그것도 보이는 일부분만 잠시 잠깐의 기대를 가지고서 말이다.

변화하는 환경에서 기업의 경영 패러다임은 함께 변화해야 한다. 변화경영을 기업과 시장과의 부단한 상호작용으로 이해한다면 우선 시장의 무한한 변화에 주시해야 한다. 또한 시장의 변화에 따라 대응할 수 있는 자신의 체질변화를 스스로 시도할 수 있어야 한다. 보고 베끼지 말고. 언제나 변화에 익숙한 마인드와 실천이 자신만의 경영방식을 유지시키고 발전시켜나가는 최선의 길이 되는 것이다.

시골 부모님의 전화기

시골에 사는 부모님을 위해 아들 부부는 선물을 하나 샀다. 최신형 무선 자동응답 전화기였다. 시골에 도착한 아들 내외는 부모님께 선물을 보여드렸다.

"어머니, 아버지! 이 전화기로 바꿔 쓰세요. 이게 밭에 나가서 전화를 못 받으시더라도 걸려온 전화를 다 확인할 수 있고, 전화 건 사람이 말을 녹음해놓을 수 있어서 아주 편해요. 가끔 전화드릴 때 아무도 안 받으시면 혹시나 하는 걱정이 있었는데, 안 받으시면 제가 녹음을 해놓을게요. 그걸 확인하시면 되죠. 그리고 이건 한 손에 들고 다니시면서 전화도 하고 받을 수 있는 무선전화기예요. 마당에서 일하시다가 전화 받으러 일부러 들어오실 필요가 없어서 아주 편하실 거예요. 또 어디 멀리 나가실 때에는 외출

기능도 있고, 아침에 일어나실 때 필요하시면 알람기능도 있어요. 이제 여러 가지로 많이 편하실 거예요."

그 후 한참이 지나 명절이 되어 아들 내외는 다시 고향집을 찾았다. 그런데 잘 쓰고 있을 거라고 생각했던 선물로 드린 전화기는 없고 전에 쓰던 구형전화기가 그대로 꽂혀 있었다. 이상하게 생각한 아들 내외가 물었다.

"어머니! 전에 사다드린 그 전화기는 어쩌고 이걸 쓰세요?"

"아 그거? 장롱 안에 잘 있다. 그거 비싸 보이던데 너희들 가져다 써라."

혹시 뭐가 잘못됐나 하는 생각에 다소 조심스레 아들이 다시 물었다.

"어머니, 그게 맘에 안 드세요? 그럼 다른 걸로 바꾸고요. 그래도 그게 최신식이라고 산 건데."

별일 아니라는 표정으로 어머니는 고개를 저으며 낡은 전화기를 들었다.

"아니다. 좋긴 좋은 거 같다만, 그저 우리 같은 늙은이들한테는 이렇게 1,2,3,4 큼지막하게 써 있는 게 최고여. 눈에 보여야 말이지."

어느 날 휴대용 가스버너를 새롭게 개발했다는 사람을 만났다. 기존의 가스버너는 부탄가스통을 넣고 레버를 아래로 내려서 밀착시켜야 하지만, 자신이 개발한 것은 그럴 필요 없이 가스통을 넣고 바로 점화손잡이만 돌리면 되기 때문에 편리하다는 것이다.

그의 득의만만한 얼굴을 대하면서 언뜻 해줄 얘기가 떠오르지 않았다. 과연 소비자들이 가스통을 밀착시키고 떼어놓는 행위를 불편해할 것인가부터 문제였다. 가스가 샐지도 모른다는 불안감을 해소할 대안도 없었다. 이는 가스버너의 기계적인 구조만을 연구한 결과라고 할 수 있다. 즉, 기술은 더 어렵고 나은 것일지 모르나 소비자들은 쉽게 동의할 것 같지 않은 문제인 것이다.

이런 현상은 특히 중소기업이나 벤처기업에서 많이 나타난다. 이들 기업의 경영자가 대부분 기술개발 인력 출신인 경우가 많고, 기업 내부의 역할비중이 기술 중심으로 편중되어 있기 때문이다. 기존의 것을 대체할 새로운 기술의 개발에는 익숙한 반면, 시장을 파악하는 일에는 서투르다. 또한 그런 단점을 극복하는 데 필요한 투자에 대한 이해도 부족하다. 사전 조사비용에 과감한 투자를 할 능력도 안 되고, 마인드도 부족한 것이다. 이런 부실한 여건을 대신하기 위해, 믿는 건 기술밖에 없다는 생각으로 기술 중심의 수준향상에 더욱 박차를 가하기도 한다.

그러나 이런 기술 중심의 사고와 행동은 스스로를 점점 기술의 함정에 빠지게 만든다. 기술의 함정에 빠지면 시장을 외면하게 되는 결과를 가져온다. 시장을 외면한 제품은 당연히 시장에서 배척당한다. 기존 제품보다 훨씬 기능이 다양하고 성능이 우수한데도 소비자들로부터 외면을 받는다. 이유는 간단하다. 필요하지 않기 때문이다.

완성된 소비자 상품이 아니라 부품재라도 마찬가지다. 납품을 받아 완성품을 만드는 입장에선 굳이 그 부품을 채용하지 않아도 되는 이유가 충분히 존재한다. 그게 가격이 될 수도 있고, 부피가 될 수도 있으며, 공정의 번거로움일 수도 있고, 종업원들의 단순한 감정일 수도 있다. 혹은 변화의 추세에 따른 것일 수도 있다.

일반 소비자 시장에서는 이보다 훨씬 더 복잡한 원인들이 존재한다. 이런 원인들이 작용을 해서 구매의 필요성을 못 느끼게 만드는 것이다. 따라서 우수한 것보다는 필요한 것을 만들어야 한다는 결론이 나온다.

우리를 둘러싼 많은 상품들이 존재하는 이유는 필요 때문이다. 소비자들의 지속적인 필요가 상품을 존재하게 만드는 것이다. 그동안 수많은 상품들이 진열도 되자마자 내려오거나 처음에는 조금 팔리는가 싶더니 아예 우리 앞에서 사라져버리기도 했다.

1990년대 중반에 '삐삐'로 불리는 무선호출기의 한계와 당시에 고가로 팔리던 휴대전화 사이의 필요를 충족시키고자 나온 발신전용 휴대전화기 '시티폰'이 있었다. 삐삐로 번호를 확인하고 시티폰으로 거는 방식으로, 발신을 돕는 공중전화부스 옆의 장치와 기지국에 필요한 시스템 등에 많은 투자가 이뤄졌지만 이내 소비자로부터 버림받아 사라져버렸다. 결국 막대한 투자금만 날려 사업에 관여했던 기업들에게 많은 손실을 안겨주었다. 개념이나 이론상으로 가능했을지 모르나 소비자들은 불편해했고, 일반 휴대전화의 가격인하와 함께 삐삐 소비자들이 휴대전화로 직행하는 것을 막지 못했다.

주위를 살펴보면 이렇게 개념이나 기술과 투자는 좋았는데 사라진 제품들이 많다. 그 중에는 정말 우수한 제품들도 있었을 것이다. 그러나 당시에는 필요를 느끼지 못하는 소비자들로 인해 퇴장해야 하는 운명을 맞았다. 기업의 자체적인 문제도 있을 수 있지만 대부분 시장을 잘못 읽은 탓이다.

반대로 지금 우리에게 사랑받고 있는 제품들은 사전에 수많은 시행착오를 통해 태어난 결과물들이다. 개발 이전에 철저한 시장조사를 거쳐 합의에 도달한 것들이 연구개발을 통해 필요한 모양새를 갖추고 시장에 나온 것이다. 과거에는 일단 만들어 내놓기만 하면 팔리던 시절이 있었다. 또, 간혹 맞지 않는 제품이라 하더라도 마케팅을 증대시키면 시장에 먹히는 경우도 있었다. 그러나 이제는 경제환경 변화의 주도권이 생산주체에서 소비주체로 옮겨진 시대이다. 개발생산자에게 우수한 제품보다 소비자에게 필요한 제품이 당연히 더 대접받는 세상인 것이다.

빵집 4형제

　마을에서 30년 동안 빵집을 운영해온 베이커 씨. 그에겐 장성한 아들 4형제가 있었다. 어려서부터 아버지의 일을 틈틈이 도와온 터라 그들은 이제 빵을 만들고 파는 일에는 어느 정도 익숙해져 있었다. 베이커 씨의 입장에선 그들이 동업자나 다름없이 의지가 되었다.

　그러나 그에겐 한 가지 걱정거리가 있었다. 자신이 언제까지나 빵집을 계속 운영하기엔 이미 많이 늙었다는 것. 그래서 누군가가 이어받았으면 좋겠고 나머지 자식들도 독립을 시켜야 하는데 불안하기만 한 것이다.

　빵집을 운영하려면 빵을 만드는 일은 물론 재료를 구매하는 일이나 매장에서 판매를 하는 일, 손님을 단골로 만드는 일 등 어느 하나 중요하지 않은 게 없는데 아들 4형제는 그렇질 못했다. 아들 4형제가 각자 어느 하나만 잘하거나 관심이 있을 뿐, 나머지는 거기서 거기인 보통 수준밖에 되질 않는 거였다. 자신처럼 모든 부분에서 세련되게 잘하질 못했다.

큰 아들은 빵을 만드는 일이 재미있어 매일 주방에만 있고, 둘째는 셈이 빨라 돈 관리와 재료 구매만 하려 하고, 셋째는 가만히 앉아 있지 못하는 성격이라 새벽에 가게문 열고 청소를 해놓고는 나돌아 다니기 바쁘고, 막내는 다른 건 신경 안 쓰고 가게에서 손님하고 노닥거리는 것만 좋아했다. 그 외에 각자 자기가 맡지 않은 것에는 흥미가 없었다.

고민 끝에 베이커 씨는 아들 4형제를 모두 불러 모았다.

"너희들이 독립할 때가 된 것 같다. 나도 더 이상 너희들을 내 밑에 두고 일만 시킬 수 없는 노릇이다. 이제라도 독립해서 한번 독자적으로 살아봐라."

4형제는 청천벽력 같은 베이커 씨의 말이 믿어지지 않았다.

"아버지, 지금 우리가 나가서 뭘 가지고 살 수 있습니까? 아직은 준비도 덜 되었는데요."

큰 아들의 말에 베이커 씨도 안쓰러운 마음이 들었지만 이미 굳게 결심한 상태였다.

"나도 아직 너희들이 부족하다는 것은 안다. 하지만 더 이상 늦출 수도 없는 일이 아니더냐? 빵집을 하려면 모두 골고루 잘 알아야 하고 또 잘해야 하지만, 너희들은 자기가 좋아하는 일에만 관심을 갖더구나. 그래서는 균형이 맞지 않지. 그래서 생각해낸 방법이 있는데, 너희들이 각자 나가서 일 년 동안 직접 빵집을 차려 운영을 해보는 것이란다. 그러면 너희가 그냥 지나쳤던 부분이 얼마나 중요한지 알게 될 거야. 그런 후에 우리 다시 만나자. 서로가 배우고 느꼈던 것을 그때 얘기하자. 밑천은 우선 내가 대주마."

베이커 씨의 말에 아들들은 더 이상 반문을 할 수 없었다. 걱정이 앞섰지만 결국 빵집 4형제는 일 년 후 다시 만날 것을 약속하고 각자 자신만의 빵집을 열기 위해 길을 떠났다.

그로부터 일 년이 지나고 그들은 다시 베이커 씨의 빵집으로 모였다. 4형제는 모두 빵집 주인이 되어 있었다.

베이커 씨는 그동안 아들 4형제가 각자 자신의 부족한 부분을 얼마나 잘 배웠는지 궁금했다. 그게 안 되었다면 이미 빵집을 정리하고 다른 어떤 것을 했을 것이기 때문이었다.

그간의 과정을 베이커 씨는 차례로 물었다.

"그래 얼마나 고생이 많았니? 잘하는 것말고도 부족한 걸 배우는 게 여간 힘들지 않았을 텐데. 어디 큰애부터 얘기를 해보거라. 빵 만드는 것말고 장사까지 하려니 힘들지 않았니?"

아버지의 질문에 큰 아들은 다소 겸연쩍은 얼굴이었다.

"저~어, 사실은 아버지! 아직도 전 매장엔 잘 나가질 않아요. 종업원이 팔고 있지요. 그래도 장사는 잘됩니다. 동네에 저희 집 빵맛이 가장 좋다는 소문이 퍼져서 멀리서도 소문을 듣고 찾아올 정도인데요. 처음에 가보니 다른 빵집들의 빵맛은 먹을 만은 한데 그렇다고 꼭 먹고 싶을 정도는 아니더라고요. 그래서 저는 맛있게 만드는 건 기본이고, 좀더 다양하게 만들면 다른 곳에 가던 손님들도 우리 집으로 올 거라고 생각했어요. 가령 같은 빵이라도 겉이 바삭바삭한 빵과 부드러운 빵으로 나누어서 만들고, 손님의 취향에 따라 시럽도 즉석에서 맞춰 뿌려주는 식이지요. 그리고 그날 만든 빵이 팔다 남으면 바로 버렸어요. 방부제를 안 넣었기 때문에 맛은 더 좋지만 오래 둘 순 없기 때문이지요. 그런 게 소문이 나서 손님들이 멀리서도 찾아오거나 아예 전날 미리 주문을 하기도 해요. 빵맛 좋고, 좋은 재료만 쓰고, 취향대로 맞춰주니까 사람들이 너무 좋아하는 것 같아요. 그래서 장사가 아주 잘되요."

이번엔 둘째가 입을 열었다.

"아버지. 제 가게는 형처럼 많은 건 못하고 몇 가지만 팝니다만, 장사는 아주 잘됩니다. 동네에 제 가게만큼 빵을 싸게 파는 곳이 없거든요. 매장은 볼품없지만 사람들이 늘 붐비지요. 다른 빵집에서 처음엔 항의도 많이 했어요. 시비를 걸어오기도 하고요. 그러나 손님들이 계속 늘어나니까 자기들도 값을 내리더군요. 그래도 제 수준엔 못 따라옵니다. 저는 워낙 재료를 싸게 사기 때문에 경쟁이 되질 않는 것이지요. 처음에 전 가게를 예쁘게 꾸미는 대신에 그 돈으로 창고부터 큼지막하게 빌렸어요. 그리고는 밀가루, 땅콩, 잼 같은 재료를 한꺼번에 잔뜩 들여놨지요. 한 번에 많이 사면서 값을 깎았어요. 달걀이나 우유 같은 건 아예 한 집에 선금을 줘서 몇 달분을 미리 주문하고는 매일 갖다달라고 하는 식이지요. 그전에 알던 납품업자들의 도움도 컸어요. 값이 오를 것 같으면 미리 알려줘요. 그럼 현찰을 주고 한 번에 많은 양을 들여다놓지요. 그렇게 해서 처음부터 빵을 싸게 팔았어요. 그랬더니 사람들이 몰리더군요. 몇 달 예상했던 재료가 두 달도 안 되어 다 나갔지 뭐예요. 그러다보니 재료를 사는 양도 덩달아 늘어나는 거예요. 납품하는 사람들끼리도 서로 경쟁을 하더군요. 싸게라도 해서 서로 제 가게에 납품을 하려고 말이지요. 싸게 사고 싸게 파니까 장사는 참 잘되요."

셋째가 말을 이었다.

"저도 장사가 아주 잘됩니다. 저는 잘하는 거라곤 힘쓰는 것과 나돌아 다니는 것밖에는 없잖아요. 그래서 아예 매장에서 파는 건 포기하고 직접 발로 뛰면서 팔았지요. 아주 이른 새벽부터 빵을 만들어서 아침에 집집마다 배달을 했어요. 그날 새벽에 갓 구운 빵을 매일같이 신선하게 먹을 수 있다는 게 대 히트를 했지요. 처음엔 이상하게 생각했던 사람들이 편한 걸 알고는 점점 입소문이 퍼져서 단골들이 많이 생겨난 거예요. 이제 아침에 빵을 사려고 가게 앞에 줄서 있을 필요가 없어진 거죠. 재미를 보다보니까 이웃 동네도 이렇게 하면 되겠더라고요. 그래서 동네마다 배달하는 종업원을 두고 저는 배달책임 종업원에게 그날 분량의 빵만 내려주면 되었어요. 수입은 그대로 몇 배가 되었지요."

이젠 마지막 막내 차례였다.

"저도 잘되요. 아버지. 우리 가게가 동네에서 인기가 제일 좋아요. 전 매장을 동화 속의 빵나라처럼 아주 재미있게 꾸며놨답니다. 처음부터 사람들의 눈길을 끌었죠. 가게에 오는 손님들이 필요한 만큼 큰 빵을 잘라 팔기도 하고, 여러 개를 한꺼번에 사면 값을 깎아주기도 했어요. 케이크를 사가는 사람들에게는 이름과 사연을 카드로 만들어주고, 수첩에 적어 놓았다가 케이크의 주인공을 길에서 만나면 꼭 인사를 했지요. 새로 만든 빵은 몇 개를 잘게 잘라서 가게 앞에 내놓고는 지나가는 사람들이 맛을 보게도 하고, 주방의 환풍구를 길 쪽으로 내놓아 빵을 구울 때마다 향기로운 빵냄새가 사람들을 자극하게 했어요. 때문에 우리 가게엔 맛있는 냄새가 나서 들어왔다며 빵을 사가는 사람들이 많아요. 우리 가게는 어느새 동네의 명소가 되었답니다."

예상외의 결과에 베이커 씨는 놀랍기도 하고 대견스럽기도 하여 한마디 제안을 했다.

"오호라! 그랬었구나. 다들 아주 훌륭하다. 그렇다면 이제 각자 그렇게 타고난 재주를 가지고 하나로 합치면 어떨까? 지금 이 가게보다 훨씬 잘될 것 같은데. 어느 하나 뛰어나지 않은 게 없으니 누가 우리 가게를 따라잡겠냐?"

베이커 씨의 말에 아들 4형제는 얼굴이 굳어졌다. 그들은 머리를 긁적이며 이구동성으로 말했다.

"글쎄요. 그건……좀……."

마케팅믹스(Marketing Mix)는 제품을 시장에 내놓으면서 마케팅 목표를 최대한 효과적으로 달성하기 위해 분야별 방법들을 균형 있게 디자인하는 일을 말한다. 보통 상품전략을 의미하는 프로덕트(Product), 가격전략을 뜻하는 프라이스(Price), 유통전략을 나타내는 플레이스(Place), 광고 및 판촉 등의 전략을 포함하는 프로모션(Promotion)의 4개 축을 기본으로 기획을 한다.

흔히 마케팅이라 하면 소비자들이 만나는 광고나 이벤트, 판촉 같은 판매행위를 떠올리기 쉬운데, 그 이전에 제대로 업무형태를 갖춘 기업이라면 대부분 이런 마케팅믹스 과정을 거쳐 제품을 내놓게 된다.

소비자의 입장에서야 제품도 좋고, 가격도 저렴하고, 유통조건도 편리한 상품을 충분한 구매동기를 통해 구입한다면 더없이 행복한 게 아닐 수 없다. 마케터의 입장에서도 큰 희망이다. 하지만 완벽하게 그런 조건을 갖춘 제품은 존재하지 않는다. 때문에 경쟁이 가능한 것이다. 이전 것보다, 또 경쟁제품보다 더 나은 부분의 개선시도가 가능하기 때문에 경쟁이 존재할 수 있는 것이다.

그러나 현장에서 일을 하는 마케터는 경쟁제품 혹은 유사품목 제품과의 '차별화 강박증'에 짓눌린 나머지 네 가지 요소 전 부문에서의 무리한 차별화를 시도한다. 혹은 본인이 원하지 않는다 하더라도 이러한 시도를 요구받게 된다. 모든 부분에서 우월해야 이미 소비자의 머릿속에 존재하고 있는 경쟁제품을 밀어낼 수 있다는 생각 때문이다.

하지만 소비자는 자신의 머릿속 기억공간을 내어줄 만큼 그렇게 여유롭지 못하다. 이미 존재하고 있는 선점제품 역시 소비자 자신의 구매동기에 가장 밀접하게 들어맞았던 요소로서만 기억될 뿐이다. 이것을 마케팅용어로 포지셔닝(Positioning)

이라고 한다. 해당제품의 소비자들 사이에서 대부분 일치하고 있는 요소가 바로 그 제품의 차별화 요소인 셈이다. 그럴 경우 웬만한 정도의 도전은 선점제품의 자리를 위협하지 못한다.

때문에 제대로 된 마케터는 모든 부분에서의 시도보다는 파괴력이 있는 하나의 장점을 더욱 강화시키려 노력한다. 그러나 현장경험이 없는 경영자의 요구나 일반론에 근거한 마케팅 인식 수준은 마케팅믹스를 고르게, 예쁘게 만드는 것에만 신경 쓰게 만든다. 네 가지 부문 모두 골고루 경쟁력이 있는 기획으로 잘 짜여지길 바라는 것이다. 그렇다보니 이것도 저것도 아닌 마케팅믹스가 자주 출현한다.

지금까지 시장에서 우위를 점하고 있는 제품들의 면면을 살펴보면 모두 하나같이 가장 앞서서 다가오는 장점들이 있다. 그것들 역시 시작단계에서 마케팅믹스를 고르게 잘 짜려는 시도를 거쳐 탄생한 제품들일 것이다. 그러나 결과는 단지 그 중의 하나로 열매를 맺고 있는 것이다. 균형과 모양에 몰두해서 밋밋하게 만들기보다 날카롭게 한 곳에 집중하는 마케팅믹스가 시장공략에는 유리하다.

IBM을 컴퓨터 메이커의 대표격으로 인식하는 사람들이 많다. 그러나 그보다 많은 매출을 올리고 있는 회사가 있다. 바로 델컴퓨터라는 회사이다. 이 회사는 대리점이나 판매점이 없고 인터넷이나 전화, 팩스 등으로 소비자들이 본사에 직접 주문해서 컴퓨터를 산다. 중간과정이 없으니 당연히 가격이 싸다. 그리고 소비자가 자신의 취향에 맞게 주문을 해서 자기

맞춤형 컴퓨터를 살 수 있다는 장점이 있다. 결국 중간과정을 생략하고 소비자와 직접 만나는 방식이 가격파괴와 유통혁신, 제품의 자기맞춤화까지 이뤄낸 셈이다. 그러나 뭐니뭐니해도 소비자들이 기억하는 델컴퓨터의 최대 장점은 가격이다. 제품의 맞춤화는 다른 조립방식 컴퓨터점에서 얼마든 가능한 일이고, 판매점이 없는 유통의 혁신은 A/S의 불편으로 매력이 반감된다. 그러나 가격 부분만큼은 확실한 차별화가 이뤄진 것이다.

마케팅믹스의 중요 4요소가 모두 잘난 얼굴일 필요는 없다. 그중 하나만 튀어도 산다.

배추장수와 무장수

조그만 읍내 장터에 배추장수와 무장수가 있었다. 그들은 한 마을에서 살면서 각각 배추농사와 무농사를 짓는 사람들이었는데, 장이 서는 날이면 자신들이 직접 재배한 배추와 무를 가지고 나와서 팔았다.

그런데 어느 날 배추장수가 서울에 다녀온 이후부터 행동이 이상해지기 시작했다. 농사를 다른 방식으로 짓는 것 같았다. 이상하게 생각한 무장수가 물었다.

"그게 지금 뭐 하는 건가? 지금 주고 있는 게 그게 뭔가?"

"응? 아무것도 아냐. 알 것 없어."

"그러지 말고 좋은 게 있으면 나도 좀 알려주게."

자꾸 보채는 무장수에게 배추장수는 손사래를 치며 말했다.

"아 글쎄 아무것도 아니래두. 자네 일이나 하게."

배추장수의 그런 행동은 계속되었다. 무장수는 몇 번을 물어도 대답을 하지 않는 배추장수가 자신을 무시하는 것 같아 괘씸한 마음이 들었다. 그래서 자신도 그를 외면하고 지냈다.

그렇게 이 년이 지났을 무렵, 그들은 여느 때와 다름없이 장터에 나란히 좌판을 깔고 앉아 장사를 시작했다. 각자 배추와 무를 팔기 위해 지나는 사람들을 향해 소리를 치는데, 배추장수가 이상한 말을 하기 시작했다.

"싱싱한 배추가 있어요. 농약이나 화학비료를 하나도 쓰지 않은 유기농 배추입니다. 몸에 해로운 건 하나도 안 쓴 맛있는 배추가 있어요."

그저 '싱싱한 무가 있다'고만 외치면서 팔아왔던 무장수에게는 충격이었다. 유기농이라는 말도 처음 듣는 것이었다.

"이보게, 그게 뭔가? 유기농이란 게 뭐야?"

"말 그대로일세. 농약이나 화학비료를 하나도 주지 않고 키운 거란 말일세. 서울에선 지금 이런 게 아주 잘 나간다네."

무장수는 배추장수의 말에 놀랐다. 그리고 한편으론 서운했다.

"아니 그렇게 좋은 거라면 나도 좀 알려주지 어떻게 혼자만 그럴 수 있나."

"그걸 왜 자네한테 알려줘야 하나? 나도 애써서 안 건데."

배추장수는 나름의 꿍꿍이가 따로 있었다.

그 후로 둘 사이는 완전히 벌어졌다. 장터에서 유기농 배추의 인기는 날로 높아갔다. 유기농이 뭔지도 몰랐던 손님들이 하나둘씩 관심을 가지면서 배추는 점점 더 많이 팔려나갔다.

무장수는 열이 받았다. 그날로 무장수는 배추장수의 농사일을 훔쳐보기 시작했다. 배추밭의 흙을 살피기도 하고, 서울에 있다는 유기농 배추장수를 찾아가 물어보기도 했다. 그렇게 유기농 무를 얻기까지는 채 일 년이 걸리지 않았다.

늘 사람들로 북적대는 배추장수 옆에서 쓰린 속을 움켜쥐어야 했던 무장수에게 회심의 일전을 할 수 있는 기회가 왔다.

그날도 변함없이 장이 열렸다. 나란히 앉은 그들 중 배추장수가 언제나 그랬듯이 자신 있는 목소리로 외쳤다.

"싱싱하고 맛있는 유기농 배추가 왔어요. 농약이나 화학비료를 하나도 쓰지 않아 몸에 해로운 게 하나도 없는 유기농 배추입니다. 이 장터에 유기농 배추는 여기밖에 없어요. 조금 비싸도 몸에 좋은 걸 드세요. 유기농입니다. 유기농!"

그 말이 끝나기가 무섭게 무장수가 외쳤다.

"무~두! 무~두 그래요."

깜짝 놀란 배추장수가 무장수를 쳐다보자, 무장수는 의미 있는 웃음을 지어 보였다.

다시 한번 배추장수가 외쳤다. 그 말이 끝나자 또 무장수가 입을 열었다.

"무~두!"

성질이 난 배추장수가 무장수의 멱살을 잡고 한바탕 실랑이를 벌였다. 자신은 죽어라 한참을 떠들면 단 한마디에 따라 하는 무장수가 얄미운 거였다. 집으로 돌아온 배추장수는 감춰두었던 카

드를 사용할 때가 되었다고 판단했다.

그 후 얼마쯤 지나자, 둘 사이의 관계가 돌이킬 수 없게 되는 일이 벌어졌다. 배추장수의 좌판에 무가 깔리기 시작한 것이다.

"싱싱한 유기농 배추와 무가 있어요. 이제 무도 유기농으로 드세요."

배추장수의 꿍꿍이가 드러난 것이다. 무장수 앞에서 무를 사려던 사람들의 발길이 옮겨지기 시작했다.

그런데 얼마 가지 않아 무장수의 좌판에도 배추가 깔리기 시작했다. 그리고는 배추장수가 손님들을 향해 한참을 외치고 나면 뒤이어, "이것두!" 하는 거였다.

둘 사이의 경쟁은 다른 야채로 옮겨갔다. 시금치, 파, 양파, 감자 등등 열이 받은 배추장수가 하나씩 새로운 야채를 유기농으로 선보였고, 무장수는 바로바로 따라 했다.

배추장수가 값을 깎아주면 무장수는 따라서 값을 내려 받고 아예 덤까지 주면서 손님의 발길을 돌리게 했다. 배추장수도 덤을 주면서 더 얹어주기 시작하자, 무장수는 같은 값에 덤을 주면서 다듬기까지 한 야채로 손님을 끌어들였다.

이렇게 두 사람이 경쟁을 하며 장터에서 유기농 야채를 장악하고 있을 무렵, 맞은편에 번듯한 가게가 하나 문을 열었다. 가게의 유리문에는 커다란 글씨가 씌어 있었다.

오존수 세척에 야채 전용 냉장! 싱싱한 유기농 야채를 노점상과 똑같은 조건으로 배달까지 해드립니다.

이전엔 없던 새로운 상품의 출현은 소비자에게 익숙한 상품군의 범주 안으로 진입하기까지 일정한 시련의 과정을 거친다. 그런 과정에서 때로는 진입에 실패하여 도태되기도 하고 반면에 성공적으로 진입하기도 한다. 새로움에 대한 인식에 걸리는 시간과 에너지, 효용에 의한 반복구매, 브랜드의 인지와 정착에 이르기까지 만만치 않은 과정을 거쳐야만 비로소 우리에게 익숙한 제품으로 자리잡는 것이다.

그러나 자본이 열악한 대부분의 중소기업에서는 이런 시도가 엄청나게 큰 부담이 된다. 이들은 선점의 법칙에 연연한 나머지 위험과 부담을 안고서라도 남보다 먼저 진입해서 소비자들의 바로 앞자리를 차지하고자 모험을 감행한다. 이는 성공할 경우 해당 분야의 기준으로 작용해 가격결정권을 가질 수 있을 거라는 희망에서이다. 이미 앞자리를 차지하고 나면 다른 기업들이 뛰어든다고 해도 웬만해선 자리를 뺏기지 않을 거란 생각도 하나의 이유가 된다.

이런 상황에서 나타나는 것이 다른 후발업체들의 이른바 '미투(Me Too)전략'이다. 자신들의 제품이나 서비스도 선발주자들의 그것과 같다고 말하면서 성장하는 시장을 나눠먹고자 달려드는 것이다. 한편으론 선발제품보다 더 부가된 장점을 가지고서 말이다. 시장개척에 대한 수고는 선발업체가 하고, 재미는 함께 나눠먹는 식이다. 어떻게 보면 비신사적인 행동일 수 있으나 시장선점에 드는 부담이 적고, 진입의 성패에 대한 위험을 면제받은 상태에서 그저 따라가기만 하면 되는 형태라 선호하고 있는 것이다.

예전엔 자본규모가 있는 대기업에서 먼저 시장을 열어놓고 그보다 못한 중소기업들이 유사품이나 대기업이 미처 점유하지 못한 틈새를 찾아 들어가는 형태가 많았다. 대기업들은 돈과 조직이 있으니 새로운 시장을 인위적으로 여는 모험을 시도할 수도 있고, 성과를 지킬 수도 있었다. 그리고 그에 못 미치는 중소기업들은 그보다 싼 가격 혹은 부가된 기능으로 소폭이지만 초기의 진입비용을 감면받은 상태에서 제품을 내놓았다. 그렇게 덩치가 큰 기업은 덩치에 맞는 행동을 했고, 그런 개척의 혜택을 작은 체구의 기업들이 나눠가지곤 했다.

그런데 요즘은 거꾸로 되는 일이 많아졌다. 중소기업들이 애써 개척해놓으면 대기업들이 그 뒤를 따라 들어온다. 처음에는 신경도 쓰지 않고 있다가 그 제품이 시장에서 먹힐지 안 먹힐지를 지켜본 다음에 어느 정도 성공적으로 시장이 커진다 싶으면 뛰어드는 것이다. 개척에 드는 위험이 대기업의 입장에선 피곤한 일에 지나지 않을 수도 있지만, 중소기업에겐 생사가 달린 문제가 되기도 한다. 그런데도 생사의 문제를 감수하면서 진입에 성공한 중소기업의 열매를 피곤마저 귀찮은 대기업은 손도 대지 않고 먹으려 드는 것이다. 비겁한 일이지만 우리가 쉽게 찾아볼 수 있는 현실이다.

대표적인 사례로 김치냉장고가 있다. 만도에서 '딤채'라는 브랜드로 김치냉장고라는 상품을 처음 시장에 내놓았고, 그게 몇 년 동안의 어려움을 겪으면서 성장해 무시할 수 없는 시장

규모로 커지자 국내의 유수 전자 대기업들이 뒤늦게 뛰어든 것이다. 다만 김치냉장고 시장에 있어서는 아직까지도 만도가 선점의 혜택을 누리고 있지만, 그 외 공기정화기 같은 품목은 중소기업이 시장을 열었음에도 불구하고 최근 뛰어든 대기업의 공세가 엄청나서 시장선점의 효과가 얼마나 지속될지 모르는 일이 되고 있다.

정통서부극과 마카로니웨스턴의 차이는 사나이들 간의 매너에서 구분된다고 한다. 정통서부극은 뒤에서 총을 쏘는 일이 없다는 것이다. 이미 매너나 합의된 룰이 예전의 얘기가 되어버린 게 비즈니스계의 현실이라면 살아남기 위한 방법 역시 그에 맞춰 변화할 수밖에 없을 것이다. 체구가 작은 기업의 입장에선 심각하게 받아들일 문제이다. 더 이상 선점의 법칙에 연연할 게 아니다. 위험하고 힘든 1등보다 얄밉지만 똑똑한 2등이 더 재미를 보는 게 현실이다. 선례를 보면서 하는 경영은 어둠 속에서 길을 찾아 나가는 선두보다 훨씬 낫다. 게다가 쉽게 눈에 들어오는 선발(先發)의 약점은 기회가 되기도 한다. 당장의 선발보다는 궁극적인 선두를 목표로 당장의 2,3등도 즐겁게 받아들일 일이다. 비즈니스는 운동경기나 선거와는 달라 2,3등도 먹고사는 데는 지장이 없기 때문이다.

못난 놈보다 잘난 놈을 먼저 잘라내라

어느 젊은이가 과수원 옆을 지나고 있었다. 그곳에는 나이든 농부 한 사람이 과일나무를 손보고 있었다. 그런데 이상하게도 과일나무의 가지 중에 싱싱하고 잘 자란 가지를 잘라내고 있는 거였다. 농부에게 다가간 젊은이가 물었다.

"어르신 지금 가지치기하시는 거 아닌가요?"

"아닐세. 새로 뿌리를 내릴 놈을 골라 꺾꽂이를 하려고 한다네."

"아! 네~에. 그렇군요."

이유를 알게 된 젊은이는 돌아서려다 또 하나 이상한 것을 보고는 물었다.

"그런데 어르신, 이 나무에는 아주 못 자란 가지도 많은 것 같은데, 이런 건 잘라내는 게 좋지 않나요?"

"그래? 그건 왜?"

아무 문제없다는 표정으로 농부는 대답했다.

"같은 나무에 있으면서 제대로 자라지도 못하고 영양분만 축내는 가지는 어차피 열매도 잘 맺지 못할 거고, 차라리 미리 잘라줘야 다른 가지들이 골고루 영양분을 먹어서 잘 클 거 아니에요. 그래야 나중에 열매도 고르게 잘 열릴 거고. 안 그런가요?"

젊은이의 말에 농부는 미소를 지으며 막 잘라낸 가지 하나를 집어 들었다.

"그렇게 생각하나? 어쩌면 이 놈 때문에 다른 가지들이 더 못 자랄 수도 있다네. 자네 말도 맞네만, 이렇게 혼자 커버린 녀석은 오히려 다른 가지들의 양분을 독차지해서 결국 다른 가지의 열매는 보잘것없게 되지. 물론 가지가 썩어 들어가는 건 당연히 잘라줘야지. 옆 가지도 썩게 만드니까. 그런데 이렇게 다른 가지보다 월등히 자라는 가지는 이 나무가 더 이상 맞지 않은 거야. 이런 건 아예 따로 살림을 차리게 해줘야지. 그러면 이 나무보다 더 클 수도 있어. 괜히 이 나무에 붙어 있는 건 이 녀석 입장에서도 불행한 일이지. 더 클 수 있는데 기둥과 뿌리가 받쳐주질 못하니 한계가 있는 거야. 이 녀석을 잘라내면 이 녀석의 자리를 차지할 다른 가지가 또 이만큼 크겠지. 그럴 땐 아주 못난 녀석도 어느 정도 더 클 수 있고 말이야."

고개를 끄떡이던 젊은이는 그래도 이해가 부족했다.

"어르신! 그래도 말입니다. 어느 정도 잘 자라는 가지들을 위해서 이렇게 못 자란 가지들을 잘라줘야 나무가 골고루 가지를 잘 뻗칠 거고, 그래야 과일들도 좋은 것들로만 잘 열릴 것 아닙니까? 보기 좋은 게 열매도 잘 맺더라고요."

농부는 자상하고 진지한 얼굴로 답했다.

"이보게 젊은이! 나는 농사를 짓는 사람이지 나무를 가꾸는 사람이 아니라네. 건강한 나무를 많이 만들어내면 낼수록 수확은 당연히 늘어나지. 잘 자랄 녀석은 오히려 따로 키우는 게 나아. 나무마다 뿌리를 통해서 공급되는 양분은 한계가 있어. 가지 하나를 잘라내면 다른 녀석들이 그걸 자기 능력만큼 나눠먹는다네. 가장 잘 자란 가지를 잘라내면 그 다음 녀석이 그 자리를 차지하지만 가장 못난 녀석도 이전보다는 더 먹게 되면서 성장을 한다네. 그런데 가장 못난 녀석을 잘라내면 그 녀석 몫 역시 다른 가지들이 능력대로 차지하면서 맨 마지막에서 두 번째 녀석이 다시 그 자리를 차지한다네. 비율대로 먹다보니 점점 더 차이가 커지는 거지. 일정한 양을 매일 다른 비율로 나눠서 차지하고 다른 비율로 성장을 한다고 생각해보게. 제일 큰 녀석을 잘라내면 다른 녀석들은 성장 순위가 상승하지만, 제일 작은 녀석을 자르면 죽어가는 순위를 매기는 것이 되는 셈이지. 작물을 살려내고 키워내면서 수확을 늘리는 것, 그게 농사가 아닌가?"

어느 집단이나 구성원 전체가 동등한 기량을 지닐 수는 없다. 아무리 뛰어난 구성원들로 팀을 만든다고 해도 그 안에서 실력의 우열은 얼마 가지 않아 구분된다. 반대로 열등한 구성원들로 팀을 짜도 그 안에서의 차이는 존재한다.

이런 현실적인 문제 때문에 기업들은 우수한 인재만으로 우수한 실적을 얻기 위해 평가를 한다. 동등한 비용의 투자라면 우수한 인력에게 지원이 되어야 효율적이기 때문이다. 같은 돈을 들이고도 열등한 성과를 내는 직원은 손실의 원인으로 인식하기 때문에, 평가를 통해서 하위를 차지하는 직원들을 감원의 일순위로 정해놓는다. 그러다 기업에 감축 사유가 발생하면 열등한 사원은 우선 감원 대상이 된다. 당연한 얘기일지 모르지만 기업 스스로 한계를 만드는 일이다.

한 부서에 다섯 명의 사원이 있다고 가정하자. 그들의 능력과 성과는 각각 최상, 중상, 중간, 중하, 최하로 구분된다고 하자. 이럴 경우 일반적인 방법으로 감원 선택을 해야 한다면 최하의 직원을 감원 대상으로 선택할 것이다. 그러나 얼마 가지 않아 최상, 중상, 중간, 중하의 네 직원들 중 누군가가 이전의 최하 자리를 차지한다. 상대적인 평가로 그런 게 아니고 실제로 가장 비능률적이라고 평가받았던 최하의 능력 수준에 누군가가 채워진다는 것이다. 그게 혼자가 아닐 경우에는 다른 멤버들이 전체적으로 조금씩 하향되는 현상을 나타낸다. 그렇게 되면 부서의 전체적인 평균 능률이 떨어지는 건 당연하다. 동의하기 어려울 수도 있겠지만 이론이 아닌 현실에서 분명히 나타나는 현상이다.

반대의 경우 최상의 직원을 내보내는 경우가 있다. 잘라내는 게 아니라 분사를 시키거나 다른 부서 혹은 상급부서로, 즉

상승된 여건으로 올려보내는 것이다. 그러면 이전의 부서 안에서 또 다른 역할이동이 생긴다. 최상의 자리를 중상, 중간, 중하, 최하 중 누구 하나가 차지하거나 여럿이 공동으로 조금씩 상향되는 현상을 나타낸다. 이럴 경우 부서의 능률이 이전보다 나아지는 것은 당연하다. 이것 역시 현실에서 분명히 나타나는 현상이다. 상승된 여건으로 내보내진 최상의 직원은 더 큰 물에서 보다 많은 능력을 발휘하거나 한계에 부딪혀 정체 수준을 밟을지 모른다. 하지만 기업의 입장에선 손해가 아니다.

일반 수준보다 높은 능력을 발휘하는 사람을 인재라 부른다. 기업에 있어 인재는 가장 큰 재산이다. 그러나 지금까지 많은 기업들이 인재의 육성보다는 인재를 선발해 쓰는 방식을 선호했다. 이는 키워서 역할을 하게 하는 것보다 필요한 재목을 뽑아서 그때마다 채워 넣는 방식이다. 그러나 그런 방식은 경영자와 기업의 수준에 맞는 효율만을 얻을 뿐이다. 경영이 '키워내는' 일이 아니고 '골라먹는' 형태가 되기 때문이다.

흔히 경영을 오케스트라의 지휘에 비유할 때가 많다. 오케스트라 단원 중에서도 기량이 탁월한 연주자와 떨어지는 연주자는 존재한다. 기량이 다른 단원들보다 월등하게 두드러진 연주자는 합주보다는 솔로로 나가게 하는 것이 바람직하다. 그런데 기량이 탁월한 연주자는 자신의 밑에 묶어두고, 기량이 떨어지는 단원을 내보내기만 하는 지휘자는 늘 그 수준을 벗어나지 못한다. 오케스트라는 물론 탁월한 인재의 연주도 지휘자의 수준에만 머물러 있기 마련이다. 이럴 경우 인재의 선택은 두 가지 중 하나이다. 지휘자의 수준에 맞춰 그대로 편하게 지내든지 아니면 뛰쳐나와 자신에게 더 나은 길을 찾든지.

우리 기업들은 대부분 직원들을 평가할 때 자신에게 적합한 성과를 내고 있는지 그렇지 않은지에 관심이 많다. 그렇다 보니 직원의 평가 시스템이 우수한 직원을 발굴해내는 것보다 열등한 직원들을 가려내는 데 능숙하다. 경영의 목표는 최고의 효율을 지향하면서 구성원들의 맨파워는 자신의 눈높이에 맞는 평균치로만 유지를 하고 있는 것이다. 겉으로는 기대한 만큼의 효율을 못 내는 인원들을 솎아내는 것이라고 하지만, 그 기대는 다름 아닌 경영자와 기업의 현재 수준과 연결이 되기 때문이다.

자신들의 수준보다 우월한 엘리트를 감당하는 시스템을 갖춘 기업은 아직 미미하다. 권한과 통제에 익숙한 환경에서는 그러한 의지조차 찾아보기 힘들다. 그러나 급변하는 경영환경은 슈퍼엘리트의 출현도 이미 예고하고 있는 시점이다. 기업의 수준을 획기적으로 변화시켜줄 새로운 인재의 역할이 부상하고 있는 것이다. 이런 가운데 여전히 자신의 입맛에 맞는 인재만 고르는 방식의 경영은 머지않아 한계에 부딪힐 것이다. 물론 조직 내에서 암적인 역할을 하는 요소는 제거되어야 한다. 하지만 집단의 구성원이 가지고 있는 법칙에 가까운 성향과 인재가 차지하는 역할의 변화를 감안한다면 에너지의 지향점은 달라져야 한다. 평균보다 부족한 요소를 찾아 채우는 데

연연하기보다 기대 수준 이상의 성장가능 요소에 초점이 모아
져야 하는 것이다.

잘나가도 쪼개고, 어려워도 쪼개라

사례 1 대장간은 예전보다 많은 손님들로 붐볐다. 점점 더 많은 사람들이 마을로 이사를 오면서 농사를 짓기 시작한 것이다. 땅이 비옥해서 농사가 잘된다는 소문에 다른 곳의 사람들이 이 마을을 많이 찾았다. 덕분에 대장간은 농기구가 필요한 사람들로 붐볐다. 처음에 혼자서 모든 일을 하던 대장간 주인은 하나둘씩 종업원을 늘리기 시작했다. 사업은 날로 번창하여 어엿한 공장규모가 되었고, 일하는 사람들도 수십 명이 넘게 되었다. 혼자서 도맡았던 일도 기능별로 사업부를 나누게 되었다.

그러나 점점 규모가 비대해지면서 문제가 발생하기 시작했다. 불량이라도 나면 서로 책임을 미루기 바쁘고, 문제가 해결될 때까지 다른 사업부는 손을 놓아야 했다. 누가 어느 정도 일을 열심히 했는지 누구는 놀았는지 알기 위해 관리하는 사람들도 더 늘려야 했고, 하루의 생산량을 매일 보고받고 지시하고 확인하는 데에도 많은 시간이 걸렸다. 분명히 전보다 커지긴 했는데 느리고 잡음만 많은 곳으로 바뀌고 있었던 것이다.

문제는 너무 커진 데 있었다. 마치 톱니바퀴가 많아지기 시작하면서 먼지와 때가 어디에 얼마만큼 끼었는지 모를 정도로 느리고 삐걱거리는 것과 같았다. 이럴 땐 조금씩 나눠서 때를 털어내는 것이 방법이라고 주인은 생각했다. 자신이 일을 해오면서 가장 잘 돌아갔을 때의 인원을 생각했다. 그리고는 사업부의 책임자들을 불러 통보를 했다. 각 사업부별로 별도의 회사로 분리하라는 내용이었다. 책임자와 자신은 동업자의 관계로 지분을 가지고 있되 각 사업부의 책임자가 대표가 되는 방식이었다. 각 부서끼리도 돈을 주고 거래하게 되었고, 주인은 판매만 하는 회사를 맡게 되었다. 한창 잘 나가고 있어 옆 마을까지 먹을 생각을 하고 있던 책임자들은 이해가 가질 않았다. 사업부 규모로는 옆 마을의 큰 대장간을 이길 수 없었기 때문이다. 그러나 한편으론 자신이 대표가 되면 책임과 보람을 함께 느낄 수 있겠다는 생각으로 주인의 결정에 따랐다. 그렇게 해서 막상 홀가분하게 자기의 사업부만 챙겨서 회사를 꾸려보니, 그들은 굳이 필요하지 않은 일과 사람들이 너무 많았다는 걸 알았다. 그래서 가장 잘 돌아갈 수 있는 규모로 스스로 정돈을 했다.

그러던 중 때마침 이웃나라와 전쟁이 일어났다. 농사를 짓던 많은 사람들이 군인으로 차출되어 갔다. 자연스레 농사인구는 줄

었고, 농기구 판매도 급감했다. 이때 판매회사를 맡고 있던 주인은 군부대에 무기와 철제물품을 납품하는 계약을 따냈다. 농기구에서 무기로 품목 전환을 시도한 것이다. 삽과 곡괭이, 낫을 만들던 기술로 칼과 창, 그리고 번쩍이는 계급장과 철제 인식표 등을 만드는 일을 시작했다. 분리된 업체들은 각자 일도 하고 옛 주인이 따온 일도 함께 하면서 많은 이익을 얻었다.

그렇게 몇 년을 가던 전쟁이 끝이 났다. 전쟁이 끝나면서 마을은 또 변화하기 시작했다. 대장간 주인은 전쟁이 끝나면 다시 농사인구가 늘 것이지만 더 급한 문제가 있을 것이라는 판단에서 동업자들과 또 다른 변신을 시도했다. 그의 판단은 옳았다. 전쟁에 쓰였던 무기와 용품들의 수요는 줄어든 반면 부서진 건물을 복구하고 연장과 자재를 만들고, 집기들을 다시 고치는 사업들이 호황을 이뤘다. 이런 과정에서 각 업체별로 지분을 가지고 있던 대장간 주인은 과거에 비해 부러울 것 없는 수익을 올렸다. 또한 각각의 회사들도 가장 효율적인 최적의 경영규모를 유지하면서 변화에 대한 적응력을 키워나갔다.

사례 2 대장간은 예전보다 손님이 점점 더 줄어들고 있었다. 마을의 대부분을 차지하던 농사짓는 사람들이 점점 일을 바꾸게 된 것이다. 땅을 팔아 다른 곳으로 이사를 간 사람 자리에 다른 지역의 장사꾼들이 들어섰고, 농사를 짓던 사람들도 인근 공장에 취직을 하면서 월급을 받는 직원이 되었다. 시간이 갈수록 마을은 각종 식당과 술집, 상점들로 채워져 갔다.

한창 풍요를 구가하던 농기구는 매출이 급격히 떨어져 적자가 계속되었고 오히려 빚만 늘어갔다. 대장간엔 하루가 멀다 하고 빚쟁이들이 쳐들어와 주인과 종업원들을 힘들게 했다.

모두가 의욕마저 떨어져 손을 놓고 있던 즈음에 대장간 주인은 결정을 했다. 모든 빚과 운영의 책임은 혼자 떠안고 대신 종업원들에게는 대장간을 줄여 남은 돈과 공구, 집기를 나눠주어 각자 기능별로 별도의 사업을 시작하게 한 것이다. 집안이 어려우면 함께 굶어가면서 시달리는 것보다 가장이 혼자 떠안고 식구들은 흩어져 제 살길을 도모하는 편이 훨씬 바람직하다는 생각 때문이었다. 모두가 성공해서 돌아올지, 아니면 모두가 실패로 끝날지 결과는 알 수 없는 일이었다. 다만 개중에 누구라도 성공의 열매를 가질 수 있다면 지금보다는 나을 것이라는 판단에서였다. 각자가 가지고 있는 가능성을 자신의 대장간이라는 하나의 위험요소에 묶어둘 수는 없었다.

종업원들은 하나같이 자신이 없었지만 그렇게 결정한 주인의 마음을 알고는 선택에 따를 수밖에 없었다. 온갖 어려움과 시달림은 혼자 감당하면서도 자신들을 믿고 그나마 남은 돈을 투자해준 주인이 고맙고 안쓰러웠다. 각자 자신이 가지고 있던 재산을 털어 주인이 나눠준 돈과 합해 나름대로 업체를 차렸다.

주인은 규모가 작아진 대장간 대신에 종업원이 차린 회사에서 만들어온 물건들을 파는 가게를 열었다. 물론 농기구 매장은 아니었다. 농기구는 아주 일부분이었고 대부분이 나이프와 포크, 수저 등과 같은 주방기구와 실내를 장식하는 각종 장식물들을 팔고 있었다. 농기구가 주종이 아니었지만 어떤 과정에서 어떻게 만들어진 물건이라는 걸 누구보다도 잘 아는 그는 손님들에게 자상한 설명을 해줄 수 있었다. 그 후 점차 식당과 술집이 늘어나면서 다량의 주방기구를 찾는 손님들이 함께 늘었다. 농사를 짓던 사람들이 월급생활을 하면서 관심의 대상이 논밭에서 가정으로 옮겨갔고, 자연스레 실내 장식용품이나 철제 생활용품들의 매출이 늘어났다.

쇠를 녹이고 두드려 농기구를 만들었던 직원은 나이프와 포크, 수저 등을 만들어 쇠를 매끄럽게 갈아내는 다른 직원의 회사에 보냈고, 한편으론 철제 의자나 철문 등을 다른 곳에서 주문받아 납품했다.

쇠를 매끄럽게 갈아내는 일을 했던 직원은 자기에게 넘어온 주방기구를 매끄럽게 가는 일을 해서 문양을 새겨 넣는 다른 직원의 회사로 넘겼고, 한편으론 인근 공장에서 일감을 받아 기계부품을 매끄럽게 가는 일을 했다.

문양을 새기는 일을 했던 직원은 넘겨받은 주방기구의 매끄러운 표면에 문양을 새기는 것은 물론 찬란한 광택을 내는 도금을 해서 옛 주인에게 납품을 했다. 마지막 과정에서 문양을 새기다보니 아름다움을 더하기 위한 도금의 필요성을 느껴 따로 배웠던 것이다. 그는 주방기구만이 아닌 마을 사람들의 낡은 반지며, 시계를 다시 새것처럼 도금해주는 일도 함께 해서 이전보다 더 짭짤한 수익을 올렸다.

함께 있으면서 점점 줄어드는 일감에 다들 손을 놓고 빚쟁이들의 고함소리만 들어야 했던 그들은 비록 규모는 작지만 알찬 사업체를 꾸려나갈 수 있었다.

사례 1은 위험을 분산시키면서 기회를 다원화한 경우이다. 특정 업종에서 기업이 성장하는 과정에서 나타나는 현상 중의 하나가 몸집 불리기와 돈 되는 일은 가릴 것 없이 끌어들이는 것인데, 이른바 기업을 대형화, 그룹화하는 것이다. 하청과 제휴에 의존하던 것 대신에 원가 절감이라는 차원에서 자체 사업부를 만들거나 자기자본을 투자한 별도의 관련 회사를 차린다. 이는 내부에서의 거래를 통해 하청업체들이 가졌던 관리비와 이윤 부분을 그대로 보전하여 훨씬 유리한 가격과 원활한 조달구조를 갖기 위함이다.

하지만 이것은 거꾸로 위험을 더 끌어모으고, 기회는 한데 묶어놓는 결과를 초래한다. 단일한 경영지배구조 하에 여러 기업들이 한데 모인다는 건 효율을 기대하는 만큼 위험요소의 규모를 키우는 일이 되기도 한다. 경영자의 실수나 한계, 일부 소속기업의 시장변화로 인한 타격이 연쇄반응을 일으키는 경우를 우리는 쉽게 볼 수 있다. 특히 규모의 경제를 중요시하면서 무차별적으로 회사를 인수하거나 확장하다가 시장 변화의 암초에 하나가 걸리면 줄줄이 도산을 하는 일이 국내 기업세계에서는 흔한 일이다.

어느 업종이나 가장 효율적인 성과를 낼 수 있는 규모의 임계치는 존재한다. 의사소통과 행동, 관리에 있어 최적의 규모가 있다. 그 규모를 50인 이하의 인원규모로 규정짓는 견해도 있으나 업종에 따라 가변적일 필요는 있다. 관리효율을 최적화시키고 성과를 최대화할 수 있는 규모가 최적의 단위다. 관리효율의 최적화란 위험요소의 최소화를 의미한다. 때문에 기업이 성장하면 할수록 위험을 분산시키면서 기회를 다원화할 필요가 있는 것이다. 그런 면에서 현재도 잘 해나가는 기업이 사내에 소사장제나 벤처를 만들어 분사시키거나, 기업의 핵심이랄 수 있는 재무회계와 인사업무마저도 아웃소싱에 의존하는 최근의 변화는 시사하는 바가 크다고 할 수 있다.

사례 2는 위험을 단일화시키면서 기회를 다원화한 경우이다. 기업이 어려워지면 그 자체로 해당되는 사람 모두에게 고통이다. 이럴 때면 기업은 감원을 하거나 설비의 축소 혹은 매각을 시도한다. 아예 회사를 통째로 인수해줄 곳을 찾아 나서기도 한다. 부실한 자신을 의탁할 곳을 찾는 것이다.

그러나 그것보다는 새로운 출발을 시도하는 분사가 훨씬 바람직한 일이다. 이런 문제의 분사는 회사의 규모와 관계가 없다. 경영자가 가지고 있는 인식의 변화가 중요할 뿐이다. 이는 단지 경영자 스스로 자본과 경영의 독점욕구만 해결하면 되는 일이다. 이렇게 되면 조직 내부의 역량 있는 인력들에게 녹아 있는 노하우를 살리고, 그들에게 책임자로서의 동기를 갖게 하면서 기회를 다양하게 모색케 하는 효과가 발생한다. 그대로 있으면 함께 공멸할 위기일 때, 위험과 장애요소를 하나로 유도하면서 다양한 채널을 통한 기회를 모색하는 것이다. 부정적인 요소는 하나로 충분하고 기회는 여러 곳이어야 좋은 것이다.

다소 변칙적인 방법이지만 한 기업이 위기에 처했을 경우 자체적인 법인은 모든 채무의 책임을 안고 법정관리나 화의(和議)를 시도하면서, 사내의 기술별, 업무 특성별 사업부를 이면계약과 지원을 통해 분사시키면서 새로운 기회를 모색하는 경우가 현실에선 종종 일어나곤 한다. 총대는 혼자 메고 살릴 것은 살려야 한다는 것이다. 시장변화에 맞추지 못했거나 경영의 실수로 인한 책임으로 모든 기술적 노하우나 가능성마저 함께 사장시키는 일은 안타까운 일이다. 그 중 어느 하나에게는 위기가 충분히 기회가 될 수도 있는 일이기 때문이다.

꽃집 주인과 마술사

"어쩐 일이야? 자네가 꽃을 다 사구."

"응. 누구한테 선물 좀 하려구. 난 내일이면 여길 떠난다네."

갑자기 떠난다는 마술사의 말에 꽃다발을 건네던 꽃집 주인은 깜짝 놀랐다.

"아니 떠난다니, 그게 무슨 말이야. 왜 떠나는데. 어디로 가려고?"

"다른 지방업소로 갈 생각이라네. 전부터 조금씩 알아봤네. 자네와 정이 들었는데, 아쉽구먼."

마술사와 꽃집 주인은 원래부터 아는 사이는 아니었다. 일 년 전 꽃집 옆 건물에 있는 조그만 밤업소 무대에 마술사가 나오기 시작하면서 오며 가며 얼굴을 알던 처지에 친구가 된 것이다. 둘은 비슷한 연배로 영업이 끝나고 시간이 맞으면 함께 동네 포장

마차에서 소주잔을 기울이며 중년의 속을 나누곤 했다. 그런 친구가 갑자기 떠난다는 말에 꽃집 주인은 서운한 생각이 들었다.

"그래도 그렇지, 말도 없다가 그러는 게 어디 있나. 사람하곤. 왜 지금 한창 잘나가는데 가려고 해. 가게에서 자네만치 인기 있는 사람이 어디 있어. 그런 데를 버리고 왜 가려고 하냐고."

"잘나갈 때 떠나야지. 안 그러면 뒷모습이 추해지거든. 처음에 내가 왔을 때는 별로 알아주지도 않더니 점점 사람들이 많아지더군. 그런데 그때가 바로 내가 떠나야 할 시점이라는 걸 나는 알아. 인기는 그렇게 오래가지 않거든. 얼마 안 가 질리지. 자꾸 더 재미있는 걸 찾는 건 어쩔 수 없어. 지금 한창 재미를 본다고 해도 얼마 안 가 사람들은 식상해한다는 거야. 무대에서 박수 받을 때 떠나야지, 미련이 남아 더 오래 버티다보면 늘어나는 건 손님들의 빈자리밖에 없어. 재미가 없는 거지. 냉랭한 건 둘째 치고 어떤 술 취한 놈들은 욕까지 한다네. 그럴 즈음이면 주인은 다른 생각을 하지. 그러다 준비 없이 잘리면 나만 서러운 거야. 바닥 볼 때까지 있느니 한창 뜰 때 다른 곳으로 가는 게 몸값 받기도 좋아. 뜬다는 건 다른 준비를 할 시간이 됐다는 얘기이기도 하지. 그게 내 경험에서 나온 거라네."

듣고보니 충분히 이해가 가는 얘기였다. 서운하기는 해도 말리기만 할 수 없는 일이란 걸 꽃집 주인은 알고 있었다.

"으~음! 알 것 같네. 자네 마음을 충분히 알 것 같아. 세상이 그런 거지. 그런데 꽃은 누굴 주려고 그러나. 이별 선물이겠구먼. 누군데 그래. 얘기를 좀 해봐."

꽃집 주인이 보채자 마술사는 겸연쩍은 얼굴로 웃으며 입을 열었다.

"응. 사실은 말이야, 가게에서 주방 보는 아줌마 있지? 그 사람한테 주려고. 서로 혼자된 입장이라 그런지 말도 잘 통하고……, 그래도 일 년 동안 나한테 참 잘해줬지. 나도 처음엔 그냥 친해서 그런 건 줄 알았는데, 지금에 와서 생각해보니 그게 아니었어. 솔직하게 좋아한다고 말하고 싶네. 떠나는 마당에 한번 고백해보려고, 맘에만 담아둘 게 아니라 다 털어놓고 싶어. 그래서 꽃을 산 거야."

"오라! 그래. 그러니까 이게 이별 선물이 아니라 프러포즈용이구만. 이야! 이 친구 그런 게 있었어?"

마술사의 어깨를 치며 꽃집 주인은 자기 일처럼 좋아했다. 자신은 퇴근하면 반겨줄 가정이 있지만 늘 혼자 있는 친구가 마음에 걸려왔던 것이다.

"그런데 이 꽃 말야. 이게 활짝 핀 것보다 아직 덜 핀 게 더 많네. 원래 그런 건가?"

꽃다발의 꽃송이들은 마술사의 말처럼 반이 넘게 아직은 활짝 피지 않은 그런 꽃들이었다.

꽃집 주인은 웃으며 말했다.

"응 그거, 이미 여기서 활짝 핀 꽃들은 손님이 사가서는 시들어버리기 때문이야. 활짝 핀 꽃의 아름다움은 손님의 몫이지 나의 몫이 아니야. 사람들은 그걸 돈 주고 사가는 거고. 그러니까 여기서는 조금 덜 핀 게 손님이 가져가서 꽃병에 담으면 그때 활짝 피는 거지. 그래서 우리도 꽃을 떼올 때 일부러 조금 덜 핀 걸 가져온다네. 그 사람들도 꽃이 활짝 피기 전에 이미 잘라서 팔 준비를 하는 거고. 이 꽃은 아마 자네가 선물을 하고 나면 그녀 집에서 활짝 필 걸세. 그땐 자네 생각이 더 나겠지."

마술사가 고개를 끄덕였다.

"그러고보니 나나 꽃이나 비슷하구먼. 활짝 피기 전에 떠날 준비를 하는 게."

기업에게 있어 돈을 벌어들이는 하나의 아이템이 히트를 하면 시장의 한계와 경쟁제품의 도전을 만나게 된다. 이때가 되면 해당기업은 대개 두 가지 모양으로 움직인다. 히트하고 있는 제품의 지배력을 굳히기 위해 더 과감한 투자를 하거나, 다른 수익 아이템의 발굴에 나서거나, 어떤 경우는 두 가지를 동시에 추진하는 경우도 있다.

그러나 히트상품을 위해 더 과감한 투자를 하는 경우 어차피 도래할 시장의 변화에 몸집만 늘리는 꼴이 된다. 변화는 시장의 분할을 의미한다. 히트를 인지하고 추가되는 투자를 계획할 때는 이미 다른 경쟁사들의 타깃이 되어 있는 시점인 경우가 일반적이다. 그게 아니고는 굳이 지배를 위한 시도를 할 필요가 없는 것이다. 시장의 원리에 의한 공급과 가격의 조절로도 자연스러운 확대는 가능하기 때문이다. 그러나 대규모의 투자로 지배를 시도한 순간부터는 시장증가보다는 시장분할의 양상이 더 두드러지게 나타난다. 가능성은 오히려 규모가 작았을 때보다 히트했을 경우가 더 희박해진다. 히트 이전의 과제는 해당시장에서 성공하느냐 실패하느냐의 두 가지 가능성이지만 지배에 대한 시도 이후에는 지배의 성공 아니면 실패, 그리고 그 차원을 넘어선 시장 자체의 축소나 대체의 네 가지 가능성 사이에서 고민을 하게 된다. 성공확률이 1/2에서 1/4로 축소되는 것이다. 또한 후발주자들의 비용은 먼저 히트한 기업보다 훨씬 적게 들고 선례가 있는 상태에서의 시장진입과 성장속도는 더 빨라서, 선발 히트기업보다 효율 면에서 훨씬 유리한 입장이 된다. 결국 경쟁력의 차이로 인해, 투자한만큼이 고스란히 손실과 부담으로 되돌아오는 것이다.

또한 히트를 하는 상태에서 시도하는 다른 수익 아이템의 모색은 현재 히트중인 아이템의 사양기와 모색중인 아이템의 성장기 사이에 생기는 시간과 에너지의 공백을 예측해야 하는 문제를 안고 있다. 다른 한편으론 풍요를 경험하고 있는 상태에서 다른 시도를 하는 것보다 안정권에 들어서는 성장분위기에서 다른 2차 모델을 개발하는 것이 효율 면에서 앞서는 이유도 있다. 즉, 한 가지의 상품이 완전히 시장에서 히트하는 시점 이전에 한 박자 빠르게 이미 다른 수익 모델의 개발이 착수되어야 한다는 것이다.

이와 관련된 또 하나의 개념으로 M&A가 있다. M&A(Mergers and Acquisitions)는 기업 간에 이루어지는 인수합병을 말한다. 인수는 한 회사가 가치는 있는데 어려운 상황이거나 어렵지 않더라도 필요하다고 생각되면 하는 것이고, 합병은 두 기업이 상호간 시너지 효과를 얻고 시장지배력을 높이기 위한 수단으로서 시도된다.

그런데 현실에서 보면 기업들은 어려울 때에라야 인수나 합병처를 찾아 헤맨다. 한창 잘나갈 때는 그럴 필요를 전혀 느끼지 못하다가 어려워지면 구제책으로 대신 책임져줄 회사를 찾는 것이다. 아니면 분담 차원에서 당장에 어려움을 해소하기 위해 합병처를 찾는다.

어느 기업이나 최대의 호황시기엔 설비와 인원 등의 투자 규모 역시 최대로 치닫는다. 다른 위험요소를 생각하기보다 풍요와 지배를 굳히기 위한 일에 몰입하는 것이다. 그러다 경기가 좋지 않거나 다른 위험요소로 인한 타격을 받으면 그동안 불려놓은 투자물들은 고스란히 짐이 되어버린다. 규모가 커진 상태에서 비용의 부담은 커지고 생산성과 효율은 떨어지는 가운데, 대부분의 기업들은 절감을 위한 설비와 인원의 감축을 시도하게 된다. 이에는 많은 고통이 따르지만, 대부분 이런 상태가 되어서야 인수나 합병을 모색한다. 이런 부실한 외양이 일반시장이나 투자시장에서 더욱 불리하게 작용하여 기업가치가 급속도로 떨어지는 것은 물론이다. 그럴 경우 M&A는 더 어려워지고, 성사가 된다 해도 평가는 훨씬 절하된 상태에서 이뤄진다. 지금 뉴스에 오르내리면서 인수기업을 찾는 국내 대부분의 기업이 자본금은 고사하고 부채만 인수해도 가능한 조건으로 헐값에 논의가 되고 있는 현실이 그것이다.

때문에 M&A 역시 기업이 최대의 호황으로 내닫기 전에 성장가능성을 함께 감안한 가운데 기업가치를 최대로 인정받은 상태에서 시도되어야 한다. 기업도 기업 간 투자시장에선 하나의 상품이기 때문이다.

실례로 벤처기업에서 이런 사례가 자주 등장하는데, 코리안 드림을 일군 해외교포 벤처기업 중 자일랜(Xylan)과 유리시스템즈(Yurie systems)가 이에 해당한다. 재미교포 김윤종 씨가 설립한 통신기기회사 자일랜이 프랑스 최대의 통신업체 알카텔에 인수되었을 때나, 김종훈 씨가 세운 정보통신업체 유리시스템즈가 미국의 루슨트테크놀로지에 인수되었을 때, 이들 모두 각각 20억 달러, 10억 달러라는 천문학적인 액수에 거래가 성사되었다. 자일랜이나 유리시스템즈 모두 정점으로 치달아 자체적으로 활짝 꽃이 피기 전 기술력과 잠재가능성에 대한 가치를 인정받아 이런 성공적인 인수가 이루어진 것이다.

제3부
어떻게 변화할 것인가

항상 열려 있어라

소년이 아버지와 잠자리를 잡으러 들판에 나갔다. 들판에는 많은 잠자리들이 날아다녔다. 소년은 잠자리채로 날아다니는 잠자리를 잡기 위해 이리저리 뛰어다녔다. 그러나 잠자리는 쉽게 잡히지 않았다. 그런데 아버지는 뛰어다니지도 않는데 잘 잡았다. 짜증이 나기 시작한 소년이 아버지에게 잠자리 잡는 방법을 알려달라고 했다. 아버지는 잠자리를 잘 잡는 세 가지 방법을 알려줬다.

"첫 번째, 집중해라. 잠자리 외에 잠시도 한눈을 팔아서는 안 된다. 두 번째, 미리 판단하지 마라. 잠자리는 어디로 날아갈지 모른다. 세 번째, 부드럽고 빠르게. 부드럽게 살금살금 다가가서 잠자리채를 최대한 가까이 가져간 다음 빠르게 덮치면 된다. 그러려면 너도 연습을 많이 해야지."

소년이 중학생이 되었다. 입학한 처음이라 그런지 애들 간에 서로의 우위를 따지려는 싸움이 많았다. 몇 번 싸움에 져서 맞고 들어오자, 아버지는 그만한 때는 다들 싸우면서 크는 거라며 그냥 넘겼다. 그런데 허구한 날 아들이 맞고 들어오자 이번엔 아버지가 나섰다. 학생 땐 그래도 한주먹 했던 아버지는 아들에게 싸움을 잘하는 방법을 배우고 싶은지를 물었다. 아들은 알려달라고 했다. 아버지는 세 가지를 말해줬다.

"첫 번째, 집중해라. 상대 녀석 외에 잠시도 한눈을 팔아서는 안 된다. 두 번째, 미리 판단하지 마라. 상대가 너보다 작아도 얕잡아보지 말고, 커도 쫄지 마라. 싸움은 덩치가 아니라 기술이고 깡이다. 주먹도 어디서 먼저 나올지 모르는 일이다. 세 번째, 부드럽고 빠르게. 몸에 힘이 들어가면 굳는다. 그러면 진다. 부드럽게 움직이고 필요할 때 빠르게 치고 빠져라. 그러려면 너도 운동을 많이 해야지."

소년이 대학생이 되었다. 미팅이다 뭐다 해서 친구들은 모두 여자친구가 하나씩 있고 어떤 녀석은 두셋씩 되는데, 정작 자신은 하나도 없었다. 그래서 쌍쌍이 놀러가기라도 할 때면 늘 외톨이가 되던가 아니면 그것도 싫어 혼자 집에 틀어박혀 있었다. 이러다 장가도 못 가는 거 아닌가 걱정이 되기도 했다. 아들은 아버지에게 여자친구를 잘 사귀는 방법에 대해 물었다. 옛날에 아버지 친구에게서 아버지의 대학생활을 들은 적이 있었기 때문이었다. 아버지는 아들에게 엄마한테는 비밀로 한다는 약속을 받고 그 방법을 알려줬다. 이번에도 세 가지의 내용이었다.

"첫 번째, 집중해라. 목표가 된 여자 외에 한눈을 팔지 마라. 두 번째, 미리 판단하지 마라. 언제 어디로 튈지 모르는 게 여자다. 여자는 알다가도 모를 존재란다. 난 지금도 네 엄마를 잘 모를 때가 있다. 네 생각대로 여자를 판단하지 말라는 거다. 세 번째, 부드럽고 빠르게. 항상 부드럽게 대하고 여자가 원하는 건 빠르게 눈치채서 행동에 옮겨라. 그러려면 너도 관리를 많이 해야지. 내가 돈을 좀 줄 테니 그럴싸하게 관리 좀 해라. 여자에게 스마트하게 보이는 건 기본이다."

소년은 이제 성인이 되어 사회로 진출했다. 아들은 사회에 나가는 마당에 아버지에게 한마디 충고를 부탁했다.

"제가 사회생활을 하는 데 꼭 해주고 싶은 말씀이 있으면 해주세요. 그런데 이번에도 또 그 세 가지를 말씀하실 건가요?"

"아니다. 이번엔 한 가지다."

"그래요? 그게 뭔데요?"

"항상 열려 있어라. 항상 모든 것에 열려 있어야 한다. 전에 얘기한 세 가지가 바로 항상 열려 있으란 얘기였다. 네가 바라보는 것이 변화하니 집중하라는 것이고, 그것과 너와의 관계도 변화할 수 있으니 미리 판단하지 말라는 것이고, 마지막으로 네 스스로도 유연하고 빠르게 변화할 수 있어야 한다는 얘기다. 보는 눈도 열려 있고, 판단하는 생각도 열려 있고, 움직이는 몸도 열려 있어야 한다는 얘기다. 한마디로 모든 가능성과 변화에 열려 있으라는 말이다."

지금까지 시장은 항상 소비자가 열어왔다. 시장을 주도했다고 착각하는 기업들도 있지만 이는 단지 표출단계에 있는 소비자의 욕구를 먼저 발견한 것뿐이다. 소비자가 가지고 있는 패러다임의 변화로 인한 시장의 변화는 물론이고, 급작스런 환경재앙이나 전쟁과 같은 물리적인 원인에 의한 변화 역시 마찬가지이다. 주위를 둘러싼 물리적 환경변화에 대한 소비자의 대응양태가 시장의 변화를 가져온 것이다. 때문에 지나온 과정의 축적을 바탕으로 현재 진행되고 있는 상황의 변수를 분석해서 변화를 예측해볼 수 있다.

　　하지만 변화의 원인은 복잡다단하고 직·간접적인 수많은 요소로 이루어진다. 변화의 형태 역시 그만큼 다양하게 나타나고 있기 때문에 일정하게 정돈하는 일 또한 가능하지 않다. 단지 범위를 예측함으로 인해 변화의 폭을 설정하고 그 안에서 가능한 방법들을 찾아 대응하는 것이 효과적일 뿐이다. 어쩔 수 없이 모든 가능성에 열려 있는 유연한 사고와 민첩한 행동이 요구된다. 때문에 시장(소비자)의 변화, 상황과 패러다임의 변화, 자신의 변화에 항상 열린 자세로 집중하는 것이 기업의 변화경영에 있어 가장 먼저 실천해야 할 일이다.

요술거울

제법 큰 의류회사의 사장 나경영 씨. 그는 깊은 고민에 빠져 있었다. 회사가 어려워서 그런 것만은 아니었다. 경기가 불황이기는 하지만 혼자만 어려운 것도 아니니 그리 낙담할 만한 일도 아닌 것이다. 가정도 큰 문제는 없었다. 다들 그렇게 지지고 볶으며 아옹다옹 사는 것은 마찬가지라는 생각이었다. 그런데도 왠지 몸은 무겁고 가슴은 답답하기만 했다. 그저 열심히 살아온 것밖에 없는데 공허함과 함께 암담한 느낌만 드는 게 하루하루 짜증만 나고, 가는 곳마다 큰소리만 내고 있었다.

잠시 숨도 돌릴 겸, 나경영 씨는 심란한 일이 있을 때면 줄곧 찾던 산사로 향했다. 법당에서 예불을 마친 뒤, 그는 노스님과 마주 앉았다. 오랜만의 만남이지만 무겁고 착잡해진 얼굴의 나경영 씨는 좀처럼 입을 열지 않았다.

"요즘 무슨 고민이 있으신가?"

"뭐 고민이랄 것도 없지만, 그렇다고 딱히 좋을 일도 없네요."
한참이 지나자 나경영 씨는 말문을 다시 열었다.

"사실은 요즘 너무 힘이 들어서요. 사업도 그렇고, 가정도 그렇고, 한다고 하는데도 영 제 맘 같지 않은 게 세상인가 봅니다. 어떻게 보면 제 생각 같지 않은 게 고민이라면 고민이죠. 직원들은 하나같이 시키는 일만 겨우 할 줄 알지 알아서 하는 법이 없고, 그렇다고 알아서 하게 놔두면 사고만 칩니다. 큰맘 먹고 좋은 대우에 능력 있다는 사람을 스카우트해와도 얼마 안 가 그만 두질 않나, 자체적으로 키우려 이런 저런 지원을 해줘도 나중에 홀랑 다른 데로 가버리기 일쑤예요. 사람이 재산이라 투자를 한다고 하는데 배신만 하는군요. 매장은 또 어떻고요. 옆에 있는 다른 회사 매장의 직원들은 늘 웃으면서 잘해요. 그런데 우리 매장 직원들은 늘 벌레 씹은 인상이에요. 다른 데보다 월급이 적은 것도 아니고, 늘 좋다는 교육도 철저히 시키고, 이런 저런 복지혜택도 충분히 주는데 영 제대로 하질 못하는 겁니다. 혼내기도 해봅니다만 그때뿐이에요. 오히려 더 겉돌죠. 어쩌다 다른 회사를 방문해보고 우리 회사로 돌아와보면 한숨만 나옵니다. 이래서야 어떻게 앞날을 기대할 수 있겠습니까. 그렇게 일 년 열두 달, 하루 종일 밖에서 시달리다가 집에 들어가면 또 어떻고요. 그냥 '너 왔냐?'는 식이지요. 마누라도 그렇고 새끼들도 다 제각각이에요. 남편이나 아빠 알기를 뭐같이 알아요. 내가 뭐 때문에 살고 있나 싶지요. 집이라고 해서 뭔가 편하거나 즐거운 게 있어야 하는데, 사흘이 멀다 하고 바가지 긁는 소리 아니면 고함소리가 떠나질 않습니다. 그러다보니 이젠 서로 무시하고 그냥 그렇게 살아요. 이게 가정입니까? 도대체 이게 사는 건지 뭔지 모르겠습니다."

묵묵히 듣고만 있던 노스님이 한참을 생각하다 말문을 열었다.

"그랬구먼. 그래 처사님은 어떻게 하실 생각인가? 그렇다고 다 포기하고 절로 들어올 텐가? 그건 아니지 않은가. 좀더 상대방을 헤아려보게. 처사님도 못 느끼는 무슨 불만이 있을 수도 있다네. 다 같은 사람이라네. 서로 얘기를 많이 해보면 좀더 나아질 걸세. 그리고 참 내가 줄 게 하나 있네."

노스님은 말을 하다 말고 방으로 들어가더니 뭔가를 들고 나왔다. 손잡이가 달린, 손바닥보다 조금 더 큰 손거울이었다.

"해보는 데까지 해보다가 힘이 들 때면 이 거울을 한 번씩 보게나. 그럼 실마리가 풀릴 걸세. 간절하게 원하면 거울에 글씨도 나타난다네. 요술거울이지. 그런데 반드시 간절한 질문에만 답을 할 거야. 이게 처사님한테는 도움이 될 걸세."

다시금 마음을 다지고 회사로 돌아온 그는 문을 들어서자마자 직원들에게 반갑게 인사를 했다. "수고한다" "어려운 일이 있냐?" "조만간 회식이라도 하자" 등등 직원들에게 좀처럼 하지 않던 따뜻한 격려를 쏟아냈다. 직원들은 평소 같지 않은 사장의 모습이 이상한지 어색한 미소만 보였다.

'사장이 무슨 기분 좋은 일이 생겼나봐. 얼마나 갈까?'

그는 매장에 들러서도 마찬가지로 행동했다. 그러나 매장의 판매원 역시 시큰둥한 반응이었다.

집에 돌아온 나경영 씨는 아내의 손을 잡았다.

"당신 집안일 하느라 많이 힘들지? 남편이란 사람이 매일 술에……, 한밤중에나 들어오고 말이야. 오늘은 저녁 차리지 마. 오랜만에 애들하고 나가서 근사한 외식을 하자고."

이상한 표정의 아내, 시큰둥한 아이들과 함께 식당에 가서도 나경영 씨는 전에 없는 자상함을 보였다. 그동안의 무신경함을 사과도 했다. 집에 돌아온 아내가 정색을 하며 물었다.

"당신 무슨 일 있지? 왜 그래? 종합진찰받은 거 결과 나왔어? 뭐라는데 그래? 왜 그래 갑자기. 안 하던 짓을 다 하고. 하던 대로 해. 무슨 일인데 그래? 빨리 말해!"

아내의 높아가던 목청이 신경질적으로 변해갔다. 넥타이를 풀며 돌아서는 나경영 씨의 입에선 한숨만 나왔다.

'이게 아닌데, 이건 정말 아니야. 으이구! 그 성질 어디 갔나 했다.'

다음 날 나경영 씨는 얼마 전부터 지지직거리던 휴대전화기를 들고 A/S센터를 찾았다. 자동문 밖에서 본 내부는 많은 사람들로 북적댔다. 오래 걸릴 거란 생각에 짜증부터 났다. 문을 들어서자 많은 사람들이 상담과 접수를 하느라 바쁜 모습이었다. 다시 돌아갈까 하는 마음에 잠시 머뭇거리는데, 유니폼을 입은 단정한 여직원이 웃으며 말을 걸어왔다. 뭐가 그리 좋은지 환한 웃음이 끊이지 않으면서 무엇이 필요한지, 몇 분만 기다리면 되는지, 어디에 앉아 기다리면 되는지, 기다리는 동안 무슨 차를 원하는지 등등 생각지도 못한 빈틈없는 친절로 그를 대했다. 나경영 씨는 감동했다. 차를 가져오는 여직원에게 물었다. 이렇게 하루 종일 웃기도 힘든 일 아닌가, 어디 손님이 하나같겠나, 골치 아픈 사람은 어떻게 하나, 이렇게 하면 피곤하지 않은가 등등 신기한 마음에 나경영 씨는 계속 질문을 했다.

여직원은 여전히 웃으며 상냥하게 대답했다.

"처음에야 어디 쉬웠겠어요? 그런데 계속 웃으며 친절하게 대하다보면 누가 더 좋을 것 같아요? 손님도 즐겁겠지만 전 제가 더 좋은 것 같아요. 훨씬 덜 피곤해요. 그전과 비교해봐도 그건 맞는 것 같아요. 그리고 이곳의 손님들도 다 좋으세요. 화가 났던 손님들도 저희가 모두 웃으며 친절하게 대해드리면 대부분 같이 밝아지는 걸요. 저희도 스트레스 받을 일이 없고요. 서로에게 좋은 거죠."

나경영 씨는 무릎을 쳤다.

'아! 바로 이거다.'

그날로 회사의 전 직원들에게 나경영 씨는 웃음과 친절이 주는 감동경영에 대해서 역설하기 시작했다. 포상과 벌점에 대해서도 강조를 했다. 그런데 직원들은 좀처럼 변하질 않았다.

결국 나경영 씨는 A/S센터의 여직원 같은 존재를 직접 찾기로 했다. 파격적인 조건으로 여러 분야의 유능하다는 인재들을 모집했다. 회사를 바꾸고 싶었던 것이다. 그런데 좀처럼 사람들이 찾아들질 않았다. 어쩌다 들어온 사람도 얼마 가지 않아 회사를 떠났다. 그 후로 여러 좋다는 방법을 다 해보았으나 허사였다. 자신만 움직일 뿐 다른 사람들은 통 변하질 않는 거였다. 자신의 마음을 몰라주는 사람들이 미웠다. 세상이 미웠다.

실망과 분노는 좌절로 이어졌고, 나경영 씨는 더 이상 어떻게 할 방법이 떠오르지 않았다. 모든 걸 포기하고 싶었다. 그때 문득 노스님의 손거울이 생각났다. 손거울에게 진심으로 답을 구해보라는 말이 생각난 것이다. 나경영 씨는 손거울을 보며 지금의 자기 상태를 설명했다. 그간의 일들을 혼자 말하다 자기도 모르게 울컥 눈물을 쏟았다. 울면서 계속 말을 이어갔다.

"왜 안 되는 겁니까? 왜! 내가 더 이상 어떻게 해야 하는 겁니까? 나는 최선을 다했는데 사람들은 전혀 바뀌질 않아요. 어떻게 해야 합니까?"

진심이 전달되었는지 거울바닥에 뭔가가 서서히 나타나기 시작했다. 그것은 점점 또렷해지더니 선명한 글씨로 자리를 잡았다. 거울의 글씨는 단 한 줄의 문장이었다.

「너부터 변화해라」

"이게 뭡니까. 이것말고 더 없습니까? 이거말고 좀더 제대로 된 거 말입니다."

이 말에 거울에 또 한 줄의 문장이 나타났다.

「제대로 변화해라」

"아니 좀더 확실한 거 없습니까? 전 이게 끝일지 몰라요. 이제 더 이상은 못하겠어요."

이 말에 거울은 또 다른 한 줄의 문장을 띄워냈다.

「끝없이 변화해라」

경영자에게는 소위 기업경영에 필요한 것이라 해서 여러 가지 덕목과 전문성이 요구되고 있다. 때문에 관련된 많은 기법들의 학습기회와 정보채널이 다양하게 제공되기도 한다. 그런데 대부분의 경영자들이 이렇게 습득한 내용들을 자신보다 조직에 먼저 적용시키는 것을 많이 본다. 경영자의 생각에 변화의 대상은 정체되어 있고, 늘 타성에 젖어 있으며, 진취적이고 적극적인 주인의식이 없는 자신의 조직이라는 인식이 존재하기 때문이다. 변화하는 환경에서 기업이 살아남고 커나가려면 조직 구성원의 마인드가 깨어 있어서 늘 변화하려는 의식으로 가득 차 있어야 하는데, 그들이 자신의 생각만큼 적극적으로 따라주지 않는다고 생각하는 것이다.

그러나 무엇보다 중요한 것은 경영자 자신이 먼저 변화해야 한다는 것이다. 경영자가 직원들을 조회시간마다 깨가면서 고객을 왕처럼 대하라는 회사에서는 진정한 감동경영이 나오지 않는다. 현장에 있는 직원의 입장에선 고객이 감동전달의 객체이듯이, 경영자에겐 직원들이 감동전달의 객체이다. 직원이 감동경영의 수혜자일 경우 고객에게도 제대로 된 감동경영이 가능한 것이다. 따라서 경영자가 감동을 실천할 때만이 직원들의 감동경영도 가능한 것이다.

인재경영도 마찬가지이다. 어느 기업이나 할 것 없이 자신의 회사에 우수한 인재들이 모이기를 원한다. 기업의 실력 있는 구성원들이 곧 기업의 경쟁력으로 인식되면서 너나할것없이 인재의 육성과 유치에 몰두를 하고 있다. 그러나 그 역시도

먼저 인재가 오고 싶은 회사로의 변화가 전제되어야 한다. 말 그대로 자신의 역량에 자부심을 느끼고 스스로를 진정한 프로로서 인식하는 인재들은 자아실현에 대한 욕구가 누구보다도 강하다. 그들의 욕구를 채워줄 수 있는 회사로의 변모가 중요하다. 그런 환경을 먼저 만들면 도전하는 사람들은 당연히 늘어간다. 이것은 단순한 급여나 몇 가지 혜택과 지원만으로 해결될 문제는 아니다. 경영자 스스로가 생각해봐도 꼭 일하고 싶은 회사로의 변신을 먼저 시도해야 할 일이다. 그러려면 경영의 핵심인 경영자 스스로가 먼저 변해야 한다.

때문에 변화경영은 가장 먼저 경영자 자신부터 변화하는 것이고, 적당함이 없는 제대로 된 변화와 일시적이 아닌 꾸준한 변화를 실천하는 것이다. 가장 효과적인 설득은 다름 아닌 솔선수범이다.

매일 땅을 파는 김수로 씨

마을에 농기구와 연장을 파는 김수로 씨가 살고 있었다. 마을 사람들 대부분이 일을 마치고 집으로 돌아갈 때면 김수로 씨는 수레에 삽과 곡괭이를 싣고 가게를 나서 어디론가 향했다. 몇 시간을 걸어 그는 강기슭에 도착했다. 그곳엔 그가 파다 만 조그만 물길이 있었다. 그는 수레에서 곡괭이를 내려 이어서 파기 시작했다. 그리고는 얼마 안 가 다시 연장을 싣고는 왔던 길로 또 몇 시간을 걸어 돌아왔다. 다음 날 가게의 일을 해야 하기 때문이었다.

그 마을은 토지가 척박하여 물이 매우 귀했다. 마을 사람들은 그들의 아버지와 할아버지 때부터 해오던 대로 몇 시간을 걸어 강에 나가 집에서 쓸 물을 떠와야 했다. 집집마다 일정한 시간이 되면 물통을 어깨에 메고, 손수레에 싣고 물을 떠오는 게 일상이 되었다. 하루 중 물을 떠오는 데 걸리는 시간이 많아 농사를 짓거나 다른 일을 그만큼 못 하는데도 대부분의 마을 사람들은 매일같이 반복했다. 가끔씩 소가 끄는 큰 수레로 물을 가득 싣고 온 어떤 사람이 필요한 사람들에게 돈을 받고 물을 팔기도 했다. 사람들은 그게 편했다. 스스로 물을 떠오기 귀찮으면 얼마간의 돈을 주고 물을 사서 쓰는 게 편했던 것이다.

그런 마을에서 김수로 씨는 강가에서부터 마을로 연결되는 물길을 파고 있었던 것이다. 김수로 씨는 물길이 연결되면 더 이상 물을 뜨러 강가로 몇 시간씩 걸어가지 않아도 되고, 애써 번 돈으로 물을 사먹지 않아도 된다는 생각으로 매일같이 조금씩 조금씩 물길을 파왔던 것이다.

사람들은 그런 김수로 씨를 보고 미쳤다고 했다. 미련하다고도 했다. 그 먼 거리를 혼자 파서 언제 물을 얻겠냐는 것이다. 그때마다 김수로 씨는 자신이 다 파질 못해 물을 얻지 못하면 아들 대에 가서라도 달콤한 물을 쉽게 얻을 수 있을 거라는 생각을 했다. 자신이 매일같이 반복되는 불편과 불합리가 싫다면 아들도 싫을 것이라고 생각했다. 자신의 불편을 후대에까지 대물림하고 싶지 않아서 끝이 보이지 않지만 꿈을 가지고 물길을 파기 시작한 것이다.

그렇게 하면서 십 년이 흘렀다. 매일 밤 한참을 걸어 짧은 시간 동안 조금씩 파오던 물길이 이제 반이 넘게 이어지고 있었다. 그걸 본 동네 사람들은 그래봐야 헛수고라고 입을 모았다. 그 시간에 돈을 더 벌어 물을 사먹는 편이 훨씬 좋다고 했다.

그렇게 또 십 년이 흘렀다. 집을 향해 조금씩 파오던 물길의 마지막 삽질이 끝났다. 강에서부터 흘러들어오는 물이 김수로 씨의 집 마당에 흘러넘쳤다. 김수로 씨 가족은 너무 기뻐 얼싸안고 눈물을 흘렸다. 이제 물걱정이 없어진 것이다.

동네 사람들은 두 패로 갈라졌다. 한쪽은 그런 김수로 씨와 가까워져서 물을 함께 쓰거나 사가려는 사람들이고, 다른 한쪽은 여전히 못마땅해하는 사람들이었다. 그들은 절대 그 물을 쓰지 않고 자기네 방식대로 살겠다는 사람들이었다. 그들은 김수로 씨 집의 물보다도 김수로 씨가 미웠던 것이다. 그들은 김수로 씨를 볼 때면 한마디씩 비아냥거렸다. 그래봐야 마을에 가뭄이 들면 강물도 말라버리고 그깟 물길도 아무 소용이 없다며…….

그러던 중 정말로 마을에 심한 가뭄이 찾아왔다. 강물도 메마를 정도여서 동네는 온통 물 때문에 난리였다. 애써 물길을 팠던 김수로 씨의 집에도 물이 없긴 마찬가지였다. 그를 비난했던 사람들은 그런 김수로 씨의 우매함을 보고 비웃었다. 자신들의 목이 마르면서도 비웃었다.

김수로 씨는 다시 연장을 챙겨서 강으로 갔다. 강가에 도착한 김수로 씨는 강 옆의 땅을 깊숙이 팠다. 땅을 파는 일은 김수로 씨에겐 그다지 힘든 일이 아니었다. 거기에선 아직 마르지 않은 땅속의 물이 나왔다. 그 물을 떠서 통에 담아 수레에 싣고 집으로 돌아왔다. 가족이 먹을 물을 제외한 나머지를 다른 사람들과 나눴다. 이튿날 다른 동네 사람들 몇몇이 그를 따라 나섰다. 함께 강가에 도착한 일행은 김수로 씨가 알려준 대로 땅을 팠다. 거기서 그들은 어느 정도 물을 얻을 수 있었다. 그러나 여전히 일단의 사람들은 비아냥을 멈추지 않았다. 가뭄 정도는 홍수에 비하면 문제가 되지 않는다는 것이다. 홍수는 이십 년을 걸려 판 물길을 단번에 쓸어버릴 수 있다고 그들은 말했다.

그런데 가뭄이 끝난 지 얼마 되지 않아 정말로, 이번에는 엄청난 폭우가 쏟아졌다. 산에서 내려오는 물과 불어난 강물로 마을의 집들이 침수되는 건 시간문제였다.

김수로 씨는 몇몇 마을 사람들과 함께 산으로 갔다. 산에서 내려오는 물을 다른 곳으로 흐르게 하기 위해 동네를 돌아가는 물길을 팠다. 강으로도 갔다. 강물이 넘치는 곳의 물길을 여러 갈래로 나눠 다른 곳으로 물이 빠지게 했다. 이십 년 동안 물을 끌어오는 일을 한 김수로 씨는 물을 내보내는 일에도 익숙했다. 마을은 평온을 되찾았다.

그 후로 김수로 씨의 가게는 농기구와 연장을 사려는 마을 사람들로 붐볐고, 아예 자기 집의 물길과 배수로 공사를 맡기는 사람들도 늘어났다.

조직의 변화를 시도하는 과정에서 전체 구성원이 동의하는 경우는 희박하다. 구조적인 불합리의 개선과 매력적인 비전에는 공감한다고 해도 막상 변화에 있어서는 생각이 다른 것이다. 적극 참여형과 무관심형, 조소와 비난형, 적극 저항형이 함께 존재한다. 또한 시간이 지남에 따라 각 형태별 구성원의 이동이 일어나기도 한다. 어느 조직에서나 변화의 시도과정에서 이런 현상은 공통적으로 나타난다.

변화는 필요를 인식하는 게 우선이지만 행동으로 옮기고 뼛속 깊이 체화되기까지는 상당한 진통을 겪는다. 익숙한 것이 아닌 다른 것들로 인한 자극과 변화가 자신의 기득권마저 위협할 것이라는 두려움이 큰 탓이다. 특히 변화의 시도에 대한 결정이 경영자의 판단에서 나온 경우가 대부분인 현실에서 중간층의 저항은 심하게 나타난다. 경영자는 회사가 자기 것이니까 그렇다 치고 하급직원들은 시키니까 한다지만 간부들은 다르다. 지금까지 이뤄온 자신의 기득권을 위협하는 존재로 변화를 인식하는 예가 많다. 업무의 핵심이자 몸통인 간부들의 이런 인식은 전체에 큰 영향을 미친다. 변화의 주도세력으로 역할을 한다면 어느 부분보다도 폭발력이 있지만, 반대일 경우는 그만큼 일을 어렵게 만들 수 있는 집단이 바로 간부층이다. 결과적으로 간부는 변화의 걸림돌이자 열쇠라는 얘기다. 그들의 숙련된 노하우는 변화를 적당히 피해가거나 정교하게 방해하는 수단으로 사용될 수도 있고, 어느 집단보다 효과적으로 변화를 추진하는 강력한 엔진으로 나타날 수도 있다. 간부의 변화가 곧 조직의 변화인 셈이다. 매일같이 땅을 팠던 오랜 숙련됨이 가뭄과 홍수를 다스리는 유연성으로 발휘되듯 간부들의 몸에 밴 노하우를 미래의 가능성으로 접목시켜야 하는 게 리더의 몫이다.

돌이켜보면 누구나 살아오면서 크고 작은 변화에 성공해온 기억들이 존재한다. 변화의 앞뒤에는 늘 변화의 크기만큼 두려움과 만족이 공존하고 있었고 그걸 경험하면서 지금에 이른 것이다. 간부들로 하여금 그 사실을 이해시키면서 작은 시도부터 하게 만들어야 한다. 작은 변화의 시도는 결코 낯설지 않은 경험이며, 변화 자체에 대한 막연한 두려움을 작은 성공의 익숙함으로 서서히 해소해나가기 위함이다.

　그러나 반드시 지켜야 할 것이 있다. 변화의 작은 시도는 구성원들의 스트레스를 완화시키고 자신감을 키우는 목적일 뿐이다. 변화는 작은 시도라 하더라도 반드시 본래 목적한 큰 그림을 지향하고 있어야 하며 단호해야 한다. 그렇지 않으면 해프닝으로 끝나기가 쉽다. 변화는 시급과 강도를 다투는 일로 다가오기도 한다. 언제라도 저항이 나타날 수 있기 때문이다. 변화의 저항세력들이 바라는 것은 다름 아닌 과거로의 복귀이며 몸에 밴 안일함의 승리이다. 항상 끈질기며, 조직적이고, 치밀하게 존재해온 저항을 이겨내면서 변화를 이뤄내는 길은 그렇게 복잡하지 않다. 매일같이 땅을 팠던 김수로 씨와 같이 스스로 비전에 대한 열정을 가지고 조금씩 작은 성공의 기록들을 쌓아가며 꾸준하게 밀고 나아가는 것, 그것이 바로 변화의 성공을 이끌어내는 힘이다.

진정한 프로는 변화가 즐겁다 우화로 읽는 변화경영

초판발행 2004년 3월 15일 | 5쇄발행 2008년 2월 5일
지은이 김학선
펴낸이 심만수 | 펴낸곳 (주)살림출판사
출판등록 1989년 11월 1일 제9-210호

주소 413-756 경기도 파주시 교하읍 문발리 파주출판도시 522-2
전화번호 영업 · (031)955-1350   기획편집 · (031)955-1357
팩스 (031)955-1355
이메일 salleem@chol.com
홈페이지 http://www.sallimbooks.com

ISBN 89-522-0205-8 04080
         89-522-0096-9 04080 (세트)

값 9,800원